AF175680

Impressum
Verlag: BABADADA GmbH, Nedderfeld 112 , 22529 Hamburg
Geschäftsführer / Verlagsleitung: Harald Hof
Druck: Books on Demand GmbH, In de Tarpen 42, 22848 Norderstedt

Imprint
Publisher: BABADADA GmbH, Nedderfeld 112 , 22529 Hamburg, Germany
Managing Director / Publishing direction: Harald Hof
Print: Books on Demand GmbH, In de Tarpen 42, 22848 Norderstedt, Germany

ښوونځی
de School

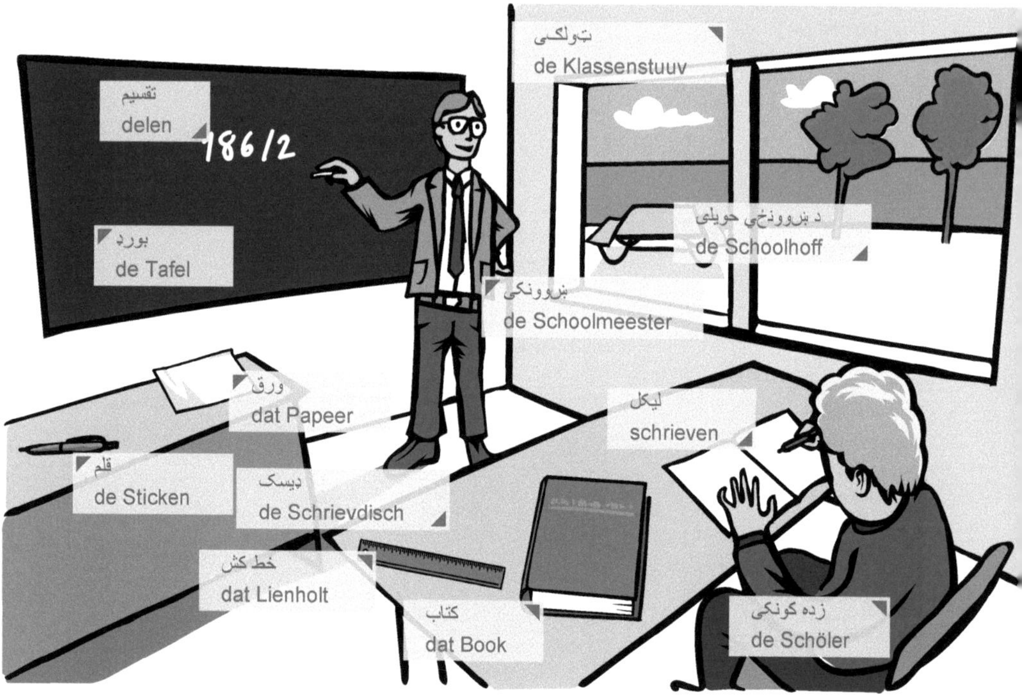
ټولګی
de Klassenstuuv
تقسیم
delen
186/2
بورډ
de Tafel
د ښوونځي حویلی
de Schoolhoff
ښوونکی
de Schoolmeester
ورق
dat Papeer
لیکل
schrieven
قلم
de Sticken
ډیسک
de Schrievdisch
خط کش
dat Lienholt
کتاب
dat Book
زده کونکی
de Schöler

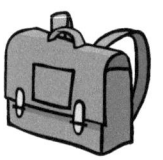

کڅوړه
de Ranzel

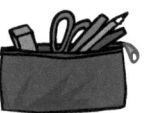

د پنسل بکسه
de Feddermapp

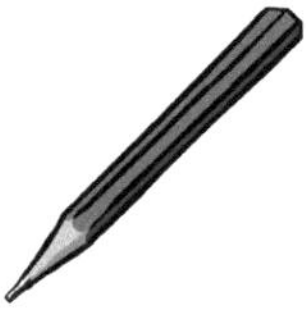

پنسل
de Bleesticken

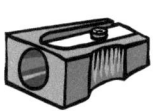

پنسل تراش
de Scharpmaker

ربړ
dat Radeergummi

د رسامۍ پاڼه
de Tekenblock

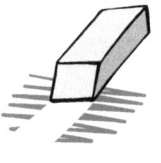

رسامي

de Teken

د نقاشی برس

de Pinsel

د نقاشی بکس

de Malkassen

قيچي

de Scheer

سريښ

de Klever

د تمرين کتاب

dat Heft to'n Öven

کورنۍ دنده

de Huusopgaav

12

شمير

de Tall

2+2

جمع

tohooptellen

5-2

منفي

aftrecken

2×2

ضرب

malnehmen

حساب

reken

A

توری

de Bookstaav

ABCDEFG HIJKLMN OPQRSTU VWXYZ

الفبا

dat ABC

hello

کلمه

dat Woort

متن

de Text

لوستل

lesen

تباشیر

de Kried

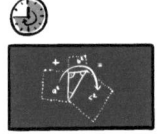

درس

de Stunn

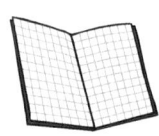

راجستر

dat Klassenbook

ازموينه

de Pröven

تصدیق پاڼه

dat Tüügnis

د ښوونځي يونيفارم

de Schooluniform

تعليم

de Utbillen

دایره المعارف

dat Nakieksel

پوهنتون

de Universität

مایکروسکوپ

dat Mikroskop

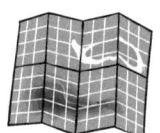

نقشه

de Koort

اشغالدانی

de Papeerkorf

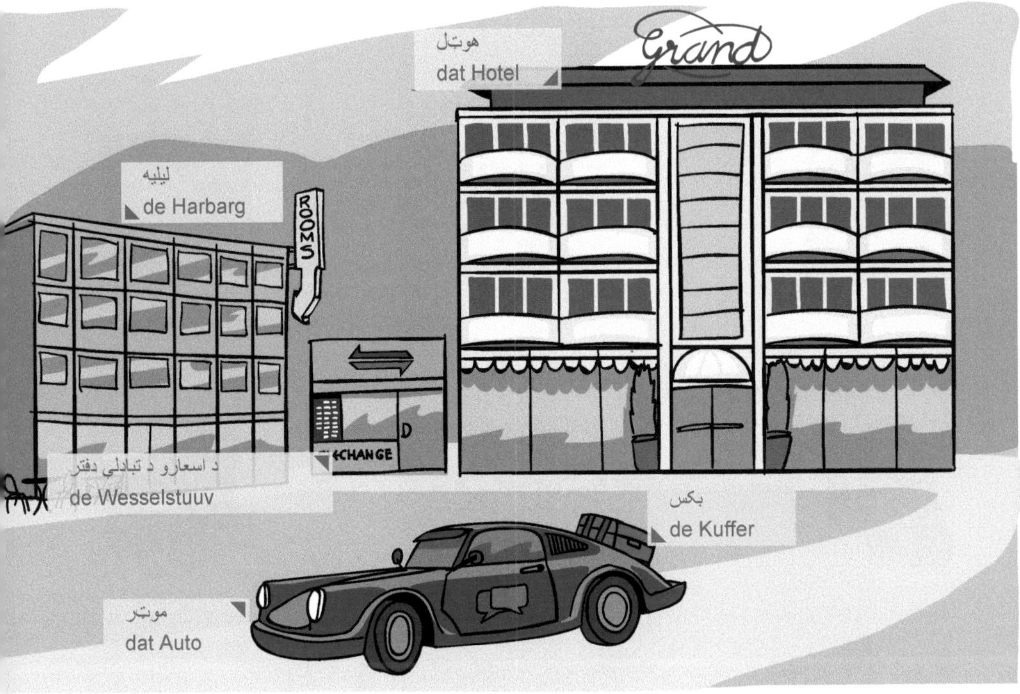

هوټل
dat Hotel
Grand
لیلیه
de Harbarg
ROOMS
EXCHANGE
د اسعارو د تبادلې دفتر
de Wesselstuuv
بکس
de Kuffer
موټر
dat Auto

ژبه
....
de Spraak

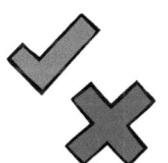

هو/نه
....
jo / ne

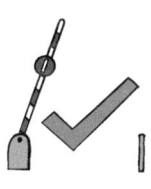

سمه ده
....
Jo

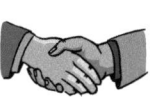

سلام
....
Moin

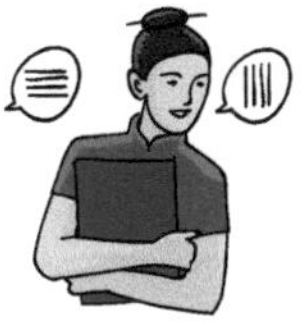

ژباړونکی
....
de Översetter

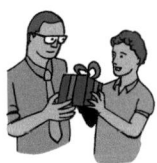

مننه
....
Dank ok

خُومره دي...؟

Wat kost...?

زه نه پوهيږم

Ik verstah nich

ستُونزه

dat Problem

ماښام مو پخير!

Goden Avend

سهار په خير!

Moin!

شپه په خير!

Gode Nacht!

په مخه مو ښه

Tschüüs

لارښود

de Richt

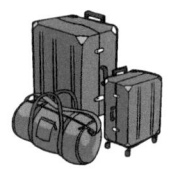

سامان

de Bagaasch

بيک

de Tasch

شاتنی بکس

de Rüchsack

ميلمه

de Gast

خونه

de Stuuv

د خوب کڅوړه

de Slaapsack

خيمه

dat Telt

د توريزم معلومات
....
e Touristeninformatschoon

ساحل
....
de Strand

کریدیت کارت
....
de Kreditkoort

ناری
....
dat Fröhstück

د غرمي خواړه
....
dat Meddageten

د شپې خواړه
....
dat Avendeten

ټیکټ
....
de Fohrkort

لفت
....
de Fohrstohl

مهر
....
de Breefmark

پوله
....
de Grenz

ګمرک
....
de Toll

سفارت
....
de Bottschop

ویزه
....
dat Visum

پاسپورټ
....
de Pass

ټرانسپورټ

de Transport

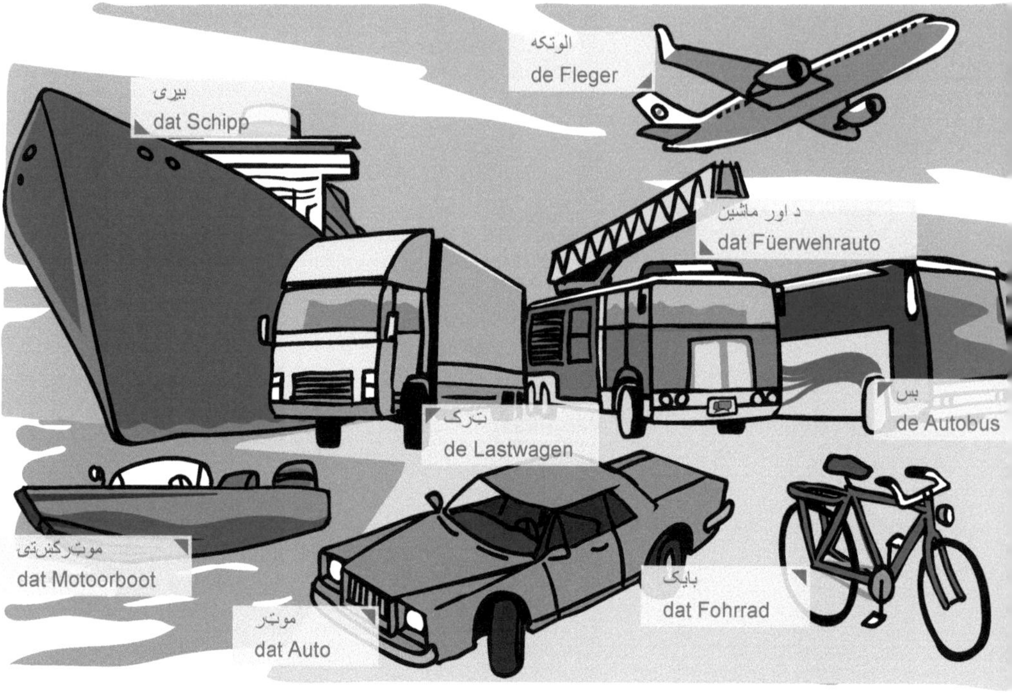

الوتکه
de Fleger
بېړۍ
dat Schipp
د اور ماشین
dat Füerwehrauto
بس
de Autobus
ټرک
de Lastwagen
موټرکښتۍ
dat Motoorboot
بایک
dat Fohrrad
موټر
dat Auto

کښتۍ
....
de Fähr

کښتۍ
....
dat Boot

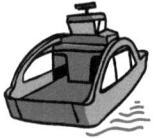

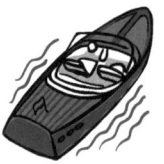

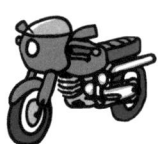

موټرسایکل
....
dat Motoorrad

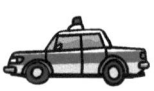

د پولیسو موټر
....
dat Polizeiauto

د ریس موټر
....
dat Rönnauto

کرایي موټر
....
de Lehnwagen

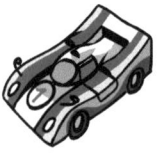

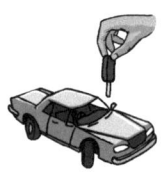

د کرايه موټري

dat Carsharing

جرثقيل لرونکی ټرک

de Afsleepwagen

ريفيوز ټرک

dat Müllauto

موټر

de Motoor

سونګ توکي

de Kraftstoff

پټرول سټیشن

de Tanksteed

ترافيکي نښه

dat Verkehrsschild

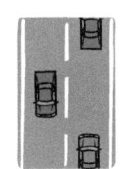

ترافيک

de Verkehr

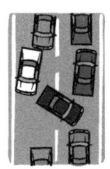

جام ترافيک

de Stau

د موټرو تمځای

de Afstellplatz

د ريل سټیشن

de Bahnhoff

پاټکي

de Sporen

ريل

de Tog

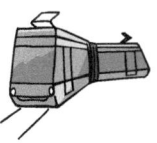

ټرام

de Stratenbahn

واګون

de Wagon

چورلکه

de Dwarsmöhl

هوايي دګر

de Flooghaven

برج

de Tower

مسافر

de Fohrgast

کانتينر

de Grootkist

کارتون

de Karton

کارت

de Koor

ټوکری

de Korf

الوتنه کول/کښيناستل

starten / lannen

de Stadt

کلی

dat Dörp

د بنښار مرکز

de Binnenstadt

کور

dat Huus

سينما
dat Kino

اعلان
de Warf

د کوڅي لامپ
de Stratenlatücht

کوڅه
de Straat

ټيکسي
dat Taxi

د خوارو پلورنځی
de Kiosk

پياده
de Footgänger

پلی لاره
de Börgerstieg

د ټيريدو لاره
de Krüzen

د سړک څخه تيريدو لاره
de Zebrastriepen

اشغالدانی (لوی)
de Mülltunn

د ترافيک څراغونه
de Wessellücht

کوډله
de Hütt

اپارتمان
de Wahnung

د ريل سټيشن
de Bahnhoff

ټاون هال
dat Raathuus

ميوزيم
dat Museum

ښوونځی
de School

پوهنتون

de Universität

بانک

de Bank

روغتون

dat Krankenhuus

هوتل

dat Hotel

درملتون

de Afteek

دفتر

dat Büro

کتاب پلورنځی

de Bookhökerie

پلورنځی

de Hökerie

د ګلانو پلورنځی

de Blomenhökerie

لوی پلورنځی

de Supermarkt

مارکیت

de Markt

د دیپارتمنت ستور

dat Koophuus

کب پلورنځی

de Fischhökerie

د پلور مرکز

dat Inkoopszentrum

لنګرتون

de Haven

پارک

de Parkanlaag

بينچ

de Bank

پل

de Brüch

زينه

de Trepp

د ځمكي لاندي

de Ünnergrundbahn

تونل

de Tunnel

بس تمځای

de Busstoppsteed

بار

de Bar

ريستورانت

dat Spieslokal

پوست بکس

de Breefkassen

د کوڅي نښه

dat Stratenschild

د پارک کولو ميتر

de Parkklock

ژوبڼ

de Deertenpark

د لامبو حوض

de Baadanstalt

مسجد

de Moschee

كرونده

de Buernhoff

ناپاكي

de Ümweltversmudden

هديره

de Karkhoff

چرچ

de Kark

د لوبو ډګر

de Speelplatz

معبد/كليسا

de Tempel

منظره

de Landschop

پانه
dat Blatt

د لارښوونې نښه
de Wiespahl

لاره
de Weg

چمن
de Wisch

كانى
de Steen

ونه
de Boom

هيكر
de Wannerer

سيند
de Fluss

واښه
dat Gras

ګل
de Bloom

دره
....
dat Daal

غوندی
....
de Barg

ناور
....
de See

خنګل
....
dat Holt

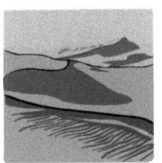

دشته
....
de Wööst

اورشيندی
....
de Füerspien Barg

کلا
....
dat Slott

رنګين کمان
....
de Regenbagen

مرخيري
....
de Poggenstohl

پلم ونه
....
de Palm

ماشي
....
de Steekmück

الوتل
....
de Fleeg

ميږی
....
de Miegeemk

مچی
....
de Imm

غوندل/جولا
....
de Spinn

کونکت

de Sebber

چونگشه

de Pogg

نولی

de Katteker

زیرکی

de Swienegel

سوی

de Haas

کونگ

de Uul

مرغی

de Vagel

قازه

de Swaan

نرخوک

dat Wildswien

هوسی

de Hirsch

گاوزه

de Elk

بند

de Staudamm

بادي توربين

dat Windrad

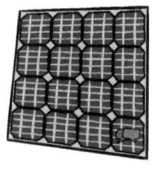

سولر تختی

dat Solarmodul

اقلیم

dat Klima

ریسټورانټ

dat Spieslokal

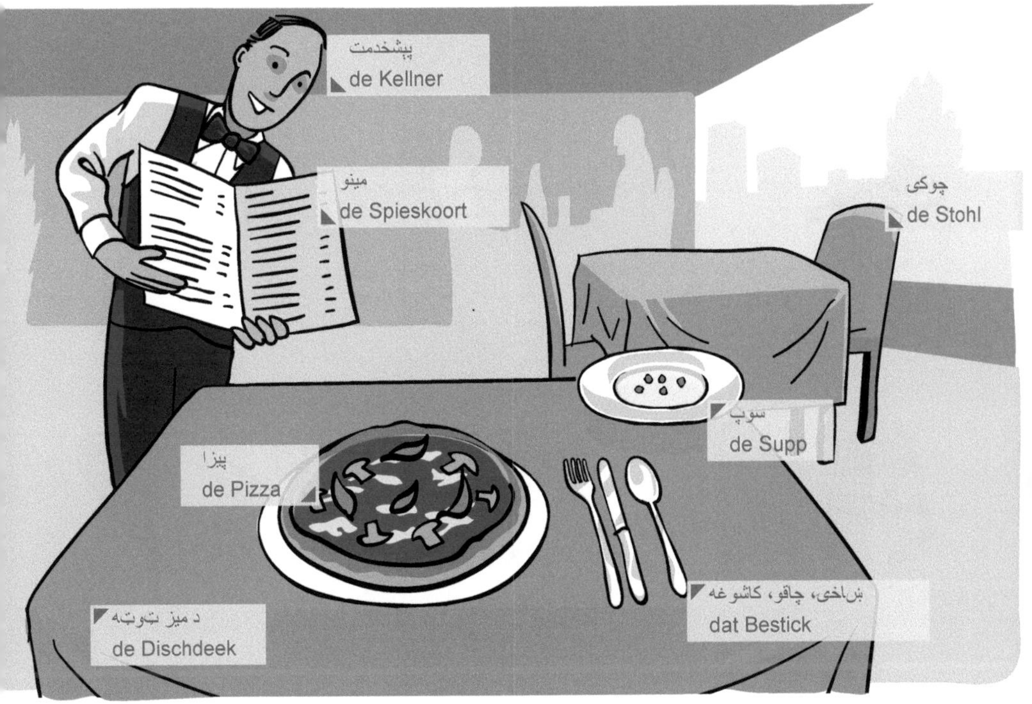
پیشخدمت
de Kellner
مینو
de Spieskoort
چوکۍ
de Stohl
سوپ
de Supp
پیزا
de Pizza
د میز ټوټه
de Dischdeek
ښاخې، چاقو، کاشوغه
dat Bestick

سټارټر

de Vörspies

اصلي خواړه

dat Haupteten

شیرني

de Nadisch

څښاک

de Drünk

خواړه

dat Eten

بوتل

de Buddel

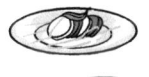

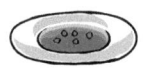

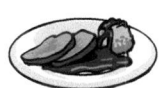

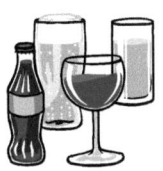

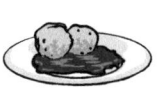

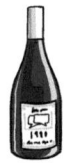

فاست فود

dat Fastfood

د کوکۍ خواره

dat Strateneten

چای جوش

de Teekann

قندانی

de Zuckerdoos

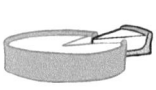

برخه

de Portschoon

اسپرسو مشین

de Espressomaschien

لوړه چوکی

de Hoochstohl

رسید

de Reken

مجمه

dat Tablett

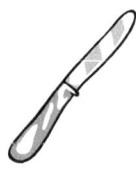

چاکو

dat Mess

پنجه

de Gavel

قاشق

de Lepel

چای قاشق

de Teelepel

سورویت

dat Munddook

ګلاس

dat Glas

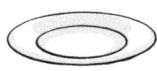

پلیټ
....
de Töller

د سوپ پلیټ
....
de Suppentöller

نالبکی
....
de Ünnertass

ساس
....
de Sooß

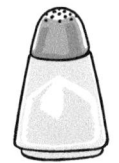

مالګه شیندونکی
....
de Soltstreuer

د مرچ ټکولو لوخی
....
de Pepermöhl

سرکه
....
de Etig

غوري
....
dat Ööl

مساله
....
de Krüder

کچ اپ
....
de Ketchup

ټرشم
....
de Mostrich

چکه
....
de Mayonnaise

لوی پلورنځی
de Supermarkt

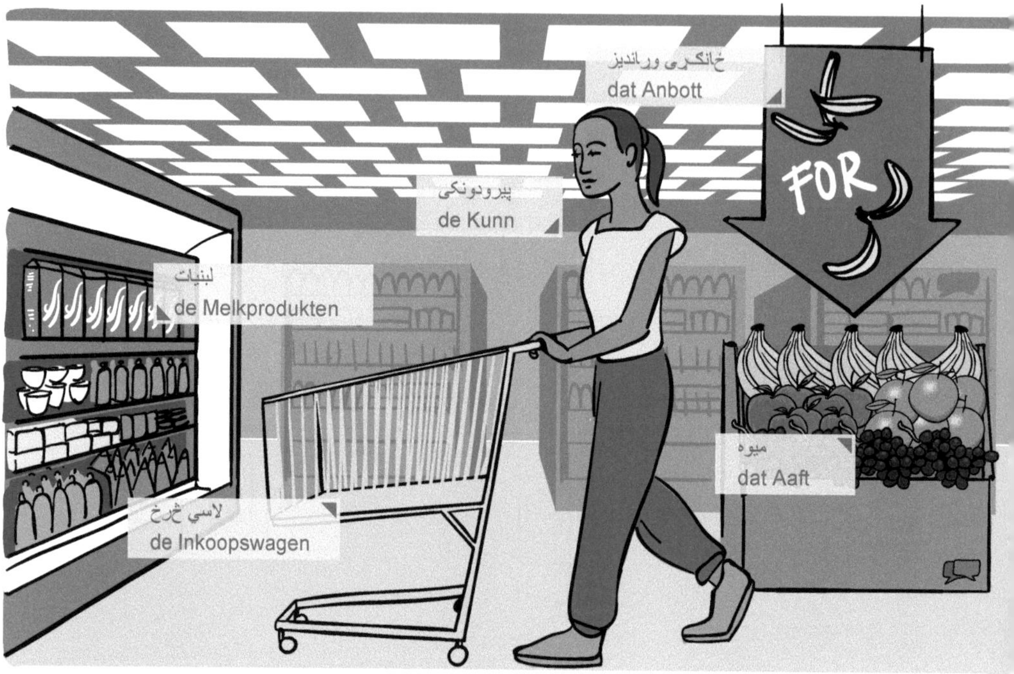

خانګړی وړاندیز
dat Anbott
پیرودونکی
de Kunn
لبنیات
de Melkprodukten
FOR
میوه
dat Aaft
لاسي ګاډی
de Inkoopswagen

BUTCHERS

قصابي
de Slachterie

BAKERY

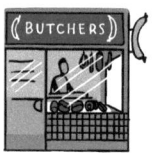

نانوایی
de Bäckerie

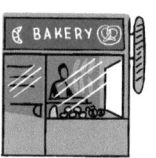

وزن کول
wegen

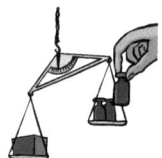

سبزیجات
de Gröönsaken

غوښه
dat Fleesch

کنګل خواړه
de Deepköhlkost

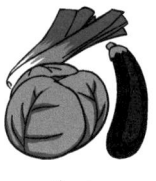

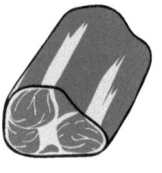

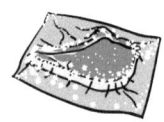

يخه غوښه

de Opsnitt

كنسروا خواره

de Konserven

د مينځلو پودر

de Waschmiddel

شيريني

de Snoopkraam

كورني توليدات

de Huushooltssaken

د پاكولو محصولات

de Reinmaaktüüch

د پلور فرد

de Verköpersche

د نغدي راجستر

de Kass

صراف

de Kasserer

د پيرود ليست

de Inkoopslist

كاري ساعتونه

de Opsparrtieden

بټوه

de Breeftasch

كريډيټ كارت

de Kreditkoort

كڅوړه

de Tasch

پلاستيک كڅوړه

de Plastiktüüt

de Drünk

اوبه

dat Water

جوس

de Saft

 شیده

de Melk

کوک

de Cola

واین

de Wien

بیر

dat Beer

الکول

de Spriet

ککاو

de Kakao

چای

de Tee

کافي

de Koffie

اسپرسو

de Espresso

کپچینو

de Cappucino

کیله

de Banaan

مڼه

de Appel

نارنج

de Appelsien

هندوانه

de Meloon

لیمو

de Zitroon

گازره

de Wöttel

هوږه

de Knuuvlook

بانکس

de Bambus

پیاز

de Zibbel

مرخيړي

de Poggenstohl

چغزى

de Nööt

آش

de Nudeln

سپیگتـي
de Spaghetti

وریجی
de Ries

سلاد
de Salat

چپس
de Pommes frites

سره کری کچالو
de Braadkantüffeln

پیزا
de Pizza

همبرکر
de Hamborger

ساندویچ
dat Sandwich

کتره
dat Snitzel

د پتون غوښه
de Schinken

سلمي
de Salami

ساسج
de Wust

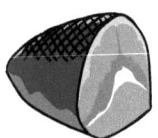

چرگ
dat Hohn

روست
de Braden

کب
de Fisch

د وربشې شيرني
....
de Haverflocken

موسلي
....
dat Müsli

د جوار پلی
....
de Cornflakes

اوړه
....
dat Mehl

کروسانت
....
de Croissant

د ډوډۍ رول
....
dat Rundstück

ډوډۍ
....
dat Broot

ټوسټ
....
dat Toast

بسکيټ
....
de Keksen

کوچ
....
de Botter

چکه
....
de Quark

کيک
....
de Koken

هګۍ
....
dat Ei

پښي هګۍ
....
dat Spegelei

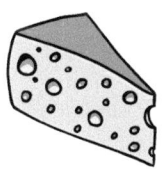

پنير
....
de Kees

آيس كريم
....
de Ies

بوره
....
de Zucker

شهد
....
de Honnig

مربا
....
de Marmelaad

نوكـات كريم
....
de Nougat-Creme

كوركمان
....
dat Curry

کرونده

de Buernhoff

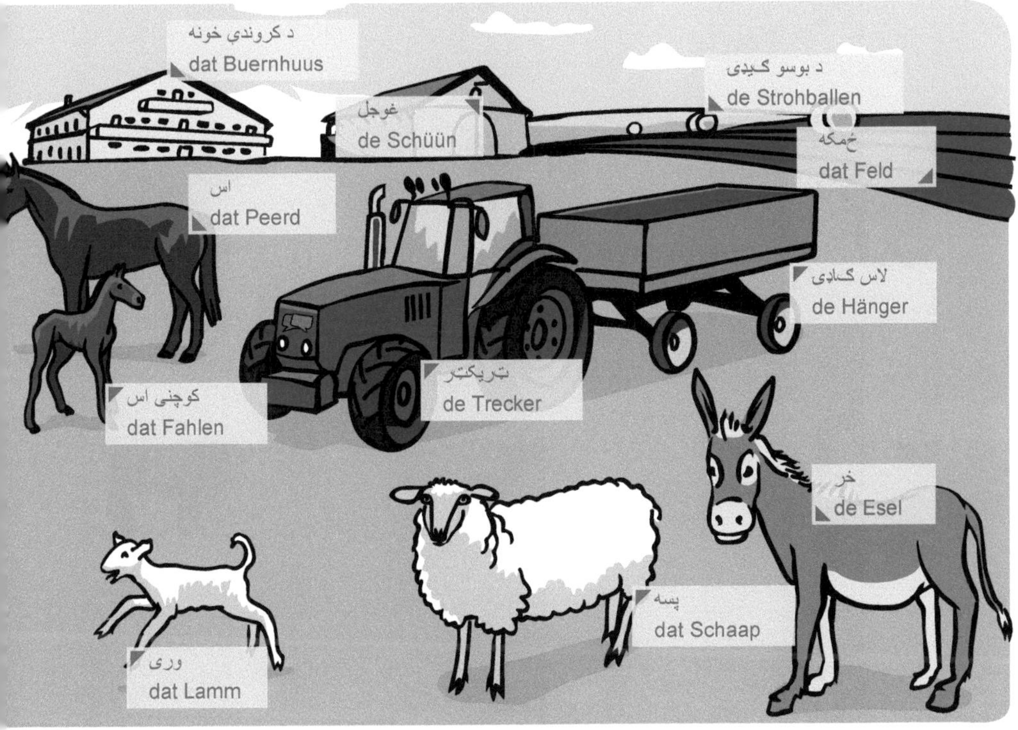

د کروندي خونه
dat Buernhuus
غوجل
de Schüün
د بوسو کېډۍ
de Strohballen
ځمکه
dat Feld
اس
dat Peerd
لاس ګاډی
de Hänger
ټریکټر
de Trecker
کوچنی اس
dat Fahlen
خر
de Esel
پسه
dat Schaap
وری
dat Lamm

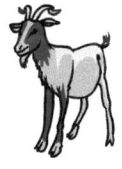

وزه
....
de Zeeg

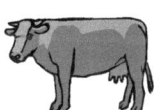

غوا
....
de Koh

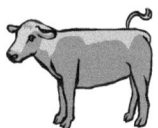

خوسکی
....
dat Kalf

خوګ
....
dat Swien

د خوګ بچی
....
dat Farken

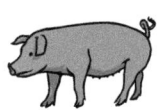

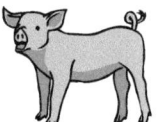

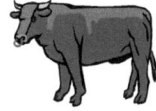

غویی
....
de Bull

بتە
....
de Goos

هيلى
....
de Aant

چرکوری
....
dat Küken

چرکه
....
dat Hohn

بانگي
....
de Hahn

سارای موږک
....
de Rott

پيشک
....
de Katt

موږک
....
de Muus

غویی
....
de Oss

سپی
....
de Hund

د سپي خونه
....
de Hunnenhütt

د باغ هوز
....
de Goornslauch

د اوبو لوخی
....
de Geetkann

لور (داس)
....
de Lee

يوی
....
de Ploog

لور
....
de Sich

رمبی
....
de Hack

ش‌اخی
....
de Mestfork

تبر
....
de Ext

کراچی
....
de Schuufkoor

ناوه
....
de Trog

د شيدو لوخى
....
de Melkkann

جوال
....
de Sack

کتّاره
....
de Tuun

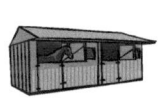

مضبوط
....
de Stall

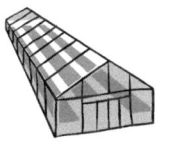

شنه خونه
....
dat Drievhuus

خاوره
....
de Bodden

تخم
....
de Saat

سره/کود
....
de Dünger

کـد ریبونکی ماشین
....
de Meihdöscher

زیرمه کول
....
oornen

درمند
....
de Oorn

خوارہ کچالو
....
de Yamswöttel

غنم
....
de Weten

سویا
....
dat Soja

کچالو
....
de Kantüffel

جوار
....
de Törksche Weten

نباتي تخم
....
de Rapp

د میوی ونه
....
de Aaftboom

ماتیوک
....
de Troopsch Kantüffel

غله
....
dat Koorn

درڅه
de Schosteen

بام
dat Dack

ناودان
de Regenrönn

کړکی
dat Finster

کراج
de Garaasch

د دروازی زنگ
de Döörklock

دروازه
de Döör

اشغالداني
de Müllemmer

د لیک بکس
de Breefkassen

باغ
de Goorn

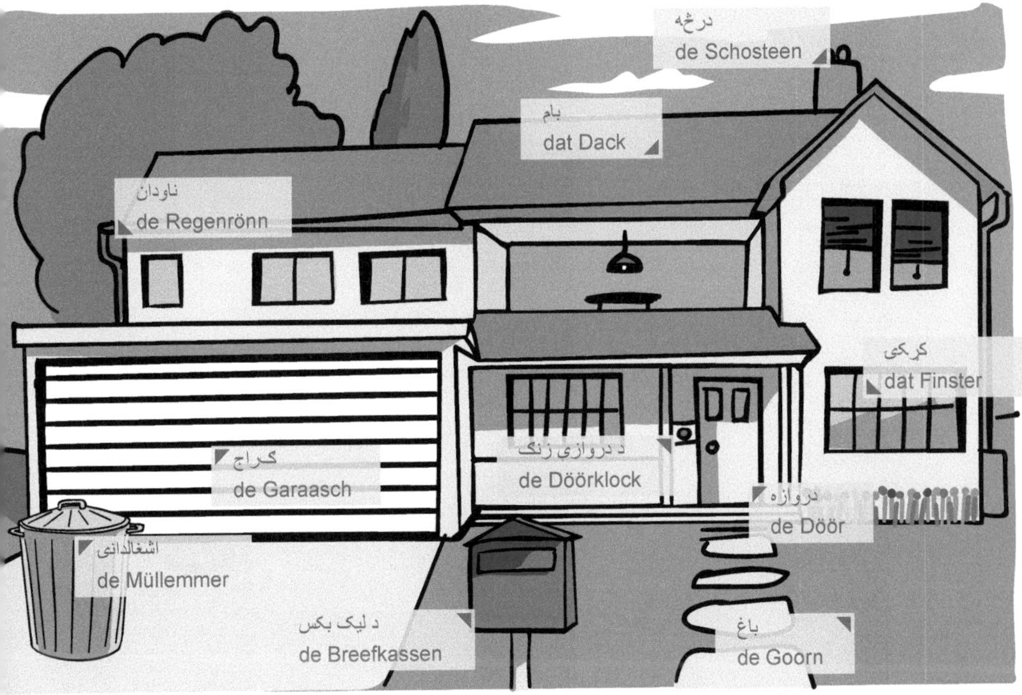

د اوسیدو خونه
de Wahnstuuv

حمام
de Baadstuuv

پخلنځی
de Köök

د ویده کیدو خونه
de Slaapstuuv

د ماشوم خونه
de Kinnerstuuv

د خوارو خونه
de Eetstuuv

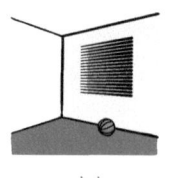

فرش
....
de Footbodden

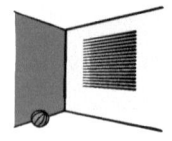

ديوال
....
de Wand

چت
....
de Deek

زيرخانه
....
de Keller

سونا
....
dat Hittluftbad

بالكوني
....
de Balkon

تراس
....
de Terrass

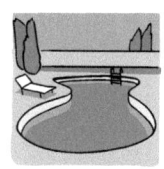

حوض
....
dat Swümmbad

د چمن وهلو ماشين
....
de Rasenmeiher

شيت
....
de Bettbetog

روجايي
....
de Bettdeek

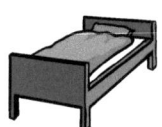

تخت
....
de Puuch

جارو
....
de Bessen

بوكه
....
de Emmer

سويچ
....
de Schalter

د اوسیدو خونه

de Wahnstuuv

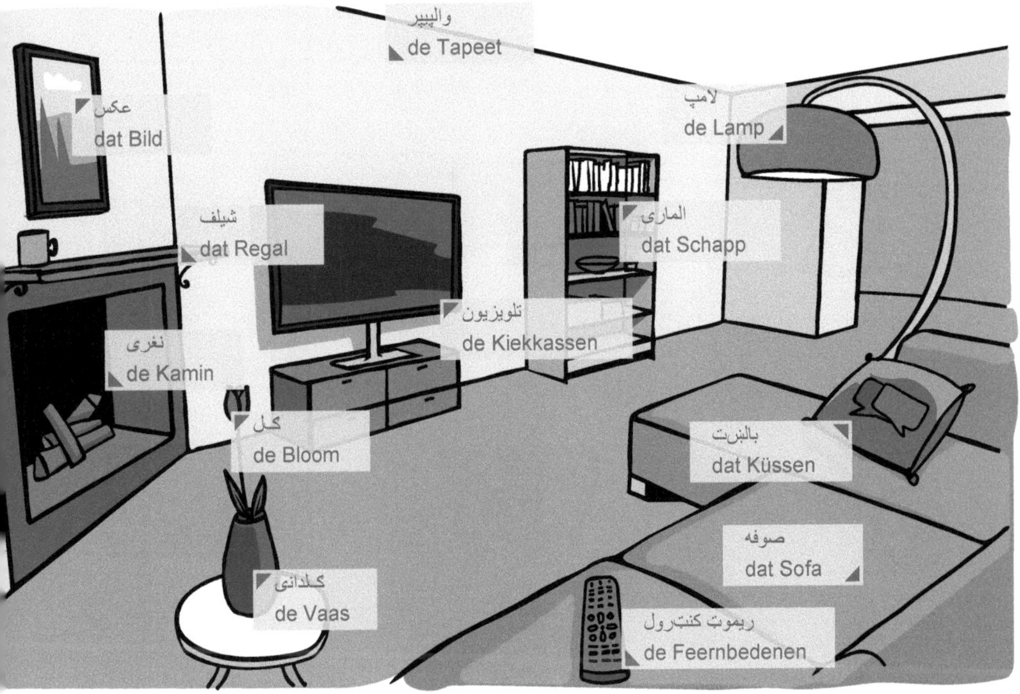
والپیپر
de Tapeet
عکس
dat Bild
لامپ
de Lamp
شیلف
dat Regal
الماری
dat Schapp
تلویزیون
de Kiekkassen
نغری
de Kamin
گل
de Bloom
بالښت
dat Küssen
صوفه
dat Sofa
گلدانی
de Vaas
ریموټ کنټرول
de Feernbedenen

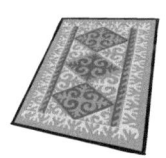

غالی

de Teppich

پرده

de Vörhang

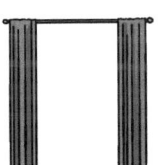

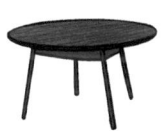

میز

de Disch

چوکی

de Stohl

تاویدونکي چوکی

de Schuckelstohl

بازو لرونکی چوکی

de Sessel

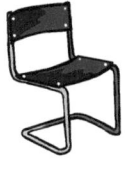

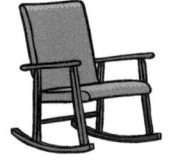

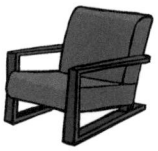

كتاب

dat Book

كمپل

de Deek

ديكوريشن

de Dekoratschoon

د اور لرګي

dat Füerholt

فلم

de Film

هايفاى

de Stereoanlaag

كلي

de Slötel

ورځپاڼه

dat Narichtenblatt

نقاشي

dat Gemälde

پوستر

dat Poster

راديو

dat Radio

كتابچه

de Opschrievblock

واكيوم جارو

de Huulbessen

كاكتوس

de Kaktus

شمع

de Kars

پخلنځی
de Köök

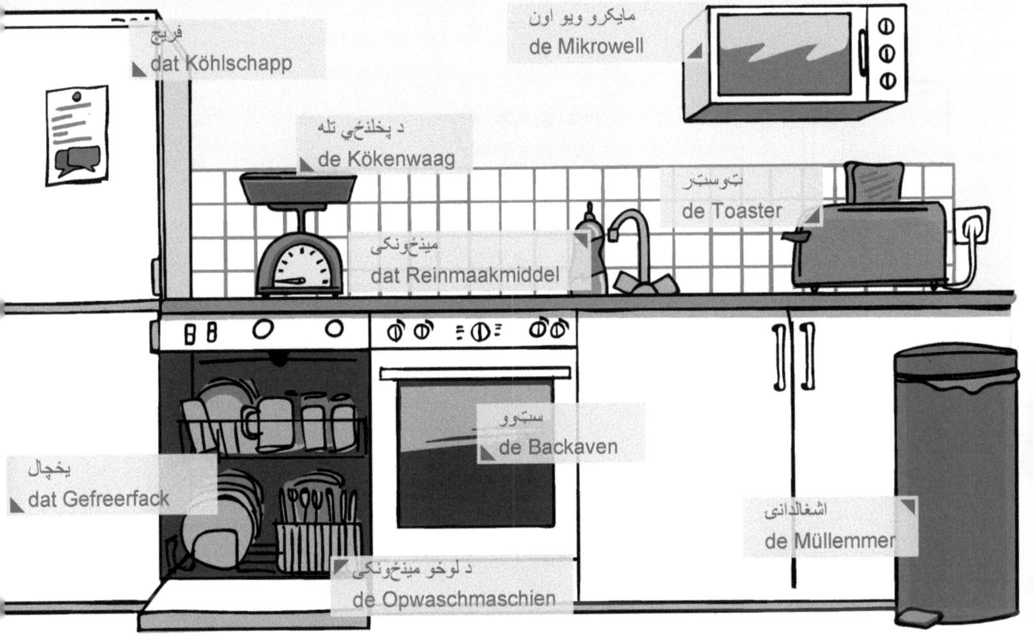
فریج
dat Köhlschapp
مایکرو ویو اون
de Mikrowell
د پخلنځي تله
de Kökenwaag
توستر
de Toaster
مینځونکی
dat Reinmaakmiddel
ستوو
de Backaven
یخچال
dat Gefreerfack
اشغالدانی
de Müllemmer
د لوخو مینځونکی
de Opwaschmaschien

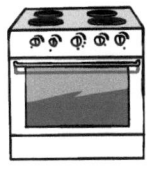

دیگ بخار
de Heerd

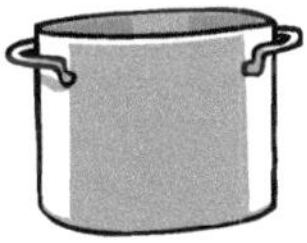
لوخی
de Pott

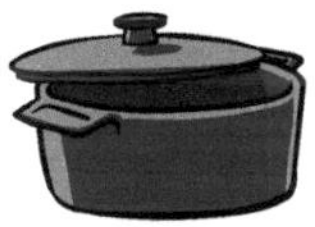
چدني لوخی
de Gussiesern Putt

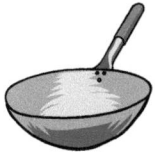

ووک
de Wok / Kadai

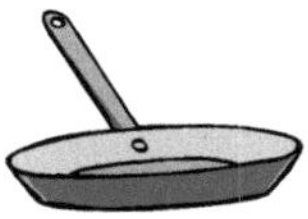
د تلي په
de Pann

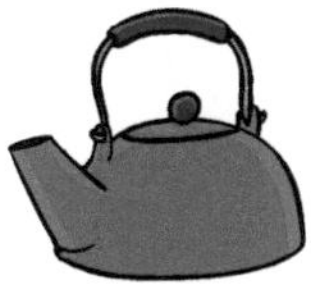
چای جوش
de Waterkaker

د بخار ديگ

de Dampkaakputt

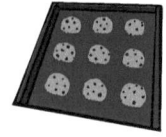

پتنوس

dat Backblick

لوخي

dat Geschirr

مگ

de Beker

کاسه

de Schaal

د رانپولو اوزار

de Eetsticken

څمڅی

de Suppenkell

کفګير

de Pannenwenner

پاکونکی

de Sneebessen

صافي

dat Kaakseef

غلبیل

dat Seef

کریتر

de Riev

اونگ

de Mörser

بار بي کيو

de Grill

خلاص اور

de Füerstell

تخته

dat Sniedbrett

هوارونکی

dat Nudelholt

کارک سکریو

de Proppentrecker

ټین

de Doos

د ټين خلاصونکی

de Dosenaapner

د لوخي ټوټه

de Pottlappen

ظرف شوی

dat Waschbecken

برس

de Böst

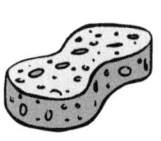

سپنج

de Swamm

بلیندر

de Mixer

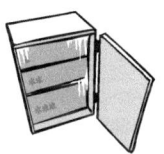

ژور یخچال

dat lesschapp

د ماشوم بوتل

de Nuckelbuddel

نل

de Waterhahn

حمام

de Baadstuuv

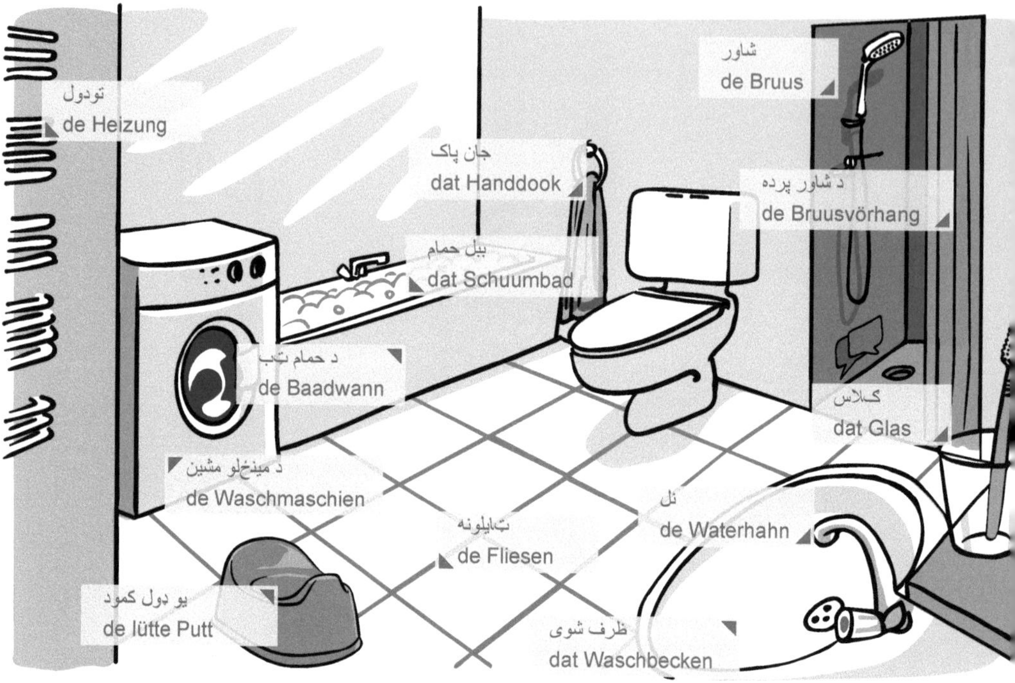

تودول
de Heizung
جان پاک
dat Handdook
شاور
de Bruus
د شاور پرده
de Bruusvörhang
ببل حمام
dat Schuumbad
د حمام ټب
de Baadwann
ګلاس
dat Glas
د مینځلو مشین
de Waschmaschien
ټایلونه
de Fliesen
نل
de Waterhahn
یو ډول کموډ
de lütte Putt
ظرف شوی
dat Waschbecken

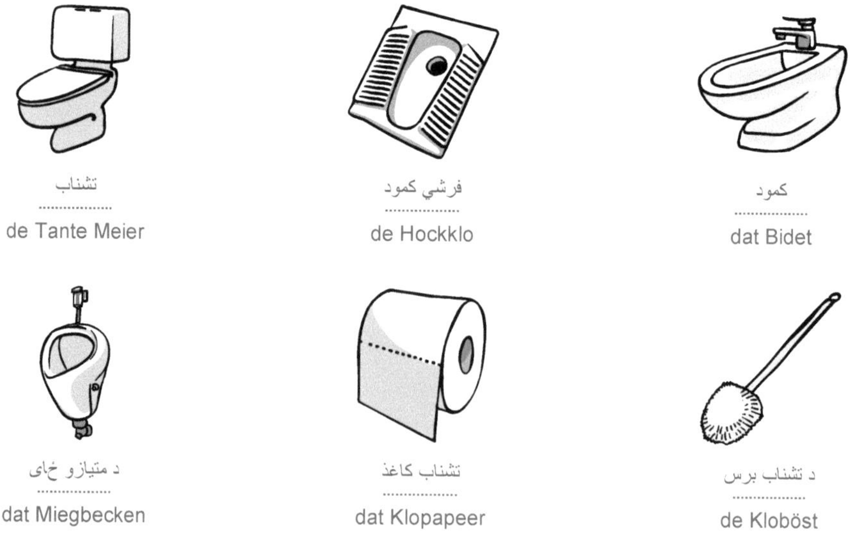

تشناب
de Tante Meier
فرشي کموډ
de Hockklo
کموډ
dat Bidet
د متیازو ځای
dat Miegbecken
تشناب کاغذ
dat Klopapeer
د تشناب برس
de Kloböst

د غاښونو برس

de Tähnböst

د غاښونو کريم

de Tähnpast

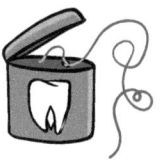

د غاښونو نخ

de Tähnsied

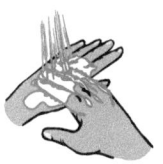

مينځل

waschen

لاسي شاور

de Handbruus

دوش

de Intimbruus

خانک

de Waschschöttel

د شا برس

de Rüchböst

صابون

de Seep

د شاور ژل

dat Bruusgeel

شامپو

dat Hoorwaschmiddel

فلانل جامه

de Waschlappen

وچول

de Afloop

کريم

de Creme

سپري

dat Deodorant

حمام - de Baadstuuv

آئينه

de Spegel

لاسي آئينه

de Kosmetikspegel

ريزر

de Raserer

د خريلو فوم

de Raseerschuum

د خريلو وروسته

dat Raseerwater

كـمنخ

de Kamm

برس

de Böst

د ويښتانو وچونکی

de Hoordröger

د ويښتانو سپری

dat Hoorspray

ميک اپ

de Smink

ليپ ستيک

de Lippensticken

د نوكانو پاليش

de Nagellack

كاټن ورى

de Watt

ناخن گـير

de Nagelscheer

عطر

dat Rüükwater

د مینځلو کڅوړه
de Kulturbüdel

سټول
de Schemel

د وزن کولو تله
de Waag

د حمام پوښاک
de Baadmantel

د ربر دستکش
de Gummihanschen

ټامپون
de Tampon

صحیی جان پاک
de Damenbinn

کیمیکل تشناب
dat Chemieklo

د ماشوم خونه
de Kinnerstuuv

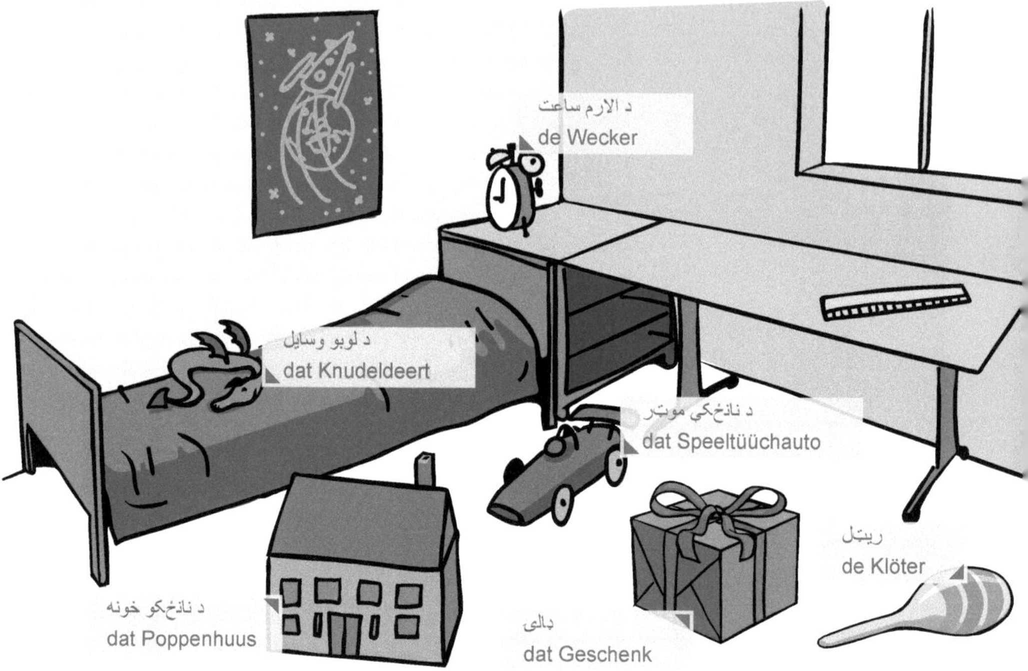
د الارم ساعت
de Wecker
د لوبو وسایل
dat Knudeldeert
د ناڅکي موټر
dat Speeltüüchauto
ريتل
de Klöter
د ناڅکو خونه
dat Poppenhuus
بالی
dat Geschenk

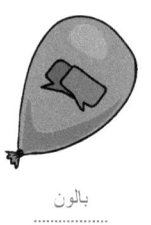

بالون
....
de Luftballon

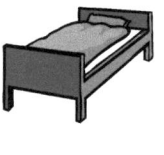

تخت
....
de Puuch

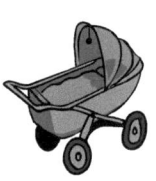

کالسکه
....
de Kinnerwagen

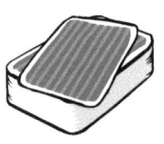

د لوبو ورقي
....
dat Koortenspeel

جيکسا
....
dat Puzzle

SUPER MEGA

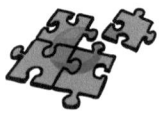

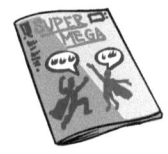

مسخره
....
de Billergeschicht

ليكو بريک

de Legostenen

د نانځكو بلاک

de Bustenen

د اكشن فيگور

de Action-Figur

د ماشوم پوښاک

de Strampelantog

فريزبي

de Frisbeeschiev

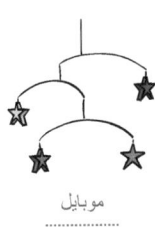

موبايل

dat Mobile

بورډ لوبه

dat Brettspeel

تاس

de Wörpel

ماډل ريل سيټ

de Modelliesenbahn

ګونګشى

de Snuller

پارتي

de Party

د عكسونو البوم

dat Billerbook

بال

de Ball

نانځكه

de Popp

لوبيدل

spelen

د شگو کنده

de Sandkassen

سوينگ

de Schuckel

نازخكى

dat Speeltüüch

د ويډيو لوبو كنسول

de Speelkonsool

ترای سايكل

dat Dreerad

كونډكه

de Teddyboor

د كالو الماری

dat Klederschapp

جرابي

de Socken

لوری جرابي

de Strümp

ستايتس

de Strumpbüx

زروکی
dat Halsdook

چتری
de Paraplü

تي شرت
dat T-Shirt

کمربند
de Liefreem

بوتان
de Stevel

سلیپر
de Puuschen

سنیکر
de Turnschoh

سیندل
....
de Sandalen

بوتان
....
de Schoh

د ربر بوتان
....
de Gummistevel

زیرنیکري
....
de Ünnerbüx

سینه بند
....
de Bostholler

واسکټ
....
dat Ünnerhemd

بلاوي
....
de Lief

پتلون
....
de Büx

جينز
....
de Jeansnüx

لمن
....
de Rock

بلاوز
....
de Bluus

شرت
....
dat Hemd

بنيان
....
de Pullover

سويټر
....
de Kapuzenpullover

بليزر
....
de Blazer

جاکټ
....
de Jack

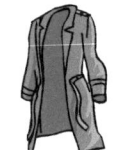

کوټ
....
de Mantel

د باران کوټ
....
de Övertrecker

پوښاک
....
dat Kostüm

کالي
....
dat Kleed

د واده پوښاک
....
dat Hochtietskleed

دريشي
....
de Antog

د ښپې پوښاک
....
dat Nachtkleed

پاجامه
....
de Slaapantog

ساري
....
de Sari

لوپته
....
dat Koppdook

پټکی
....
de Turban

برقه
....
de Burka

كفتن
....
de Kaftan

عبا
....
de Abaya

د لامبو پوښاک
....
de Baadantog

نيكر
....
de Baadbüx

شارت
....
de Korte Büx

د خُغاستي پوښاک
....
de Antog to'n Öven

پيش بند
....
de Schört

دستكش
....
de Handschoh

بتّن

de Knopp

عینک

de Brill

لاس بند

dat Armband

غاړه کۍ

de Halskeed

ګوتمه

de Ring

غوږوالۍ

de Ohrbummel

خولۍ

de Mütz

کوټ بند

de Klederbögel

خولۍ

de Hoot

نېکټايي

de Binner

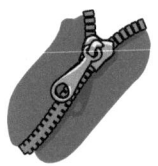

ځنځیر

de Rietslüter

هیلمیټ

de Helm

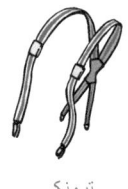

ترونکۍ

dat Drachtband

د ښوونځي یونیفارم

de Schooluniform

یونیفارم

de Uniform

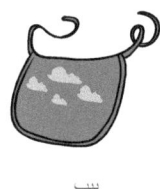

بیب

de Severböten

ګونګشی

de Snuller

نيپي

de Winnel

دفتر
dat Büro

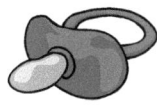

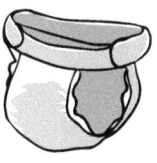

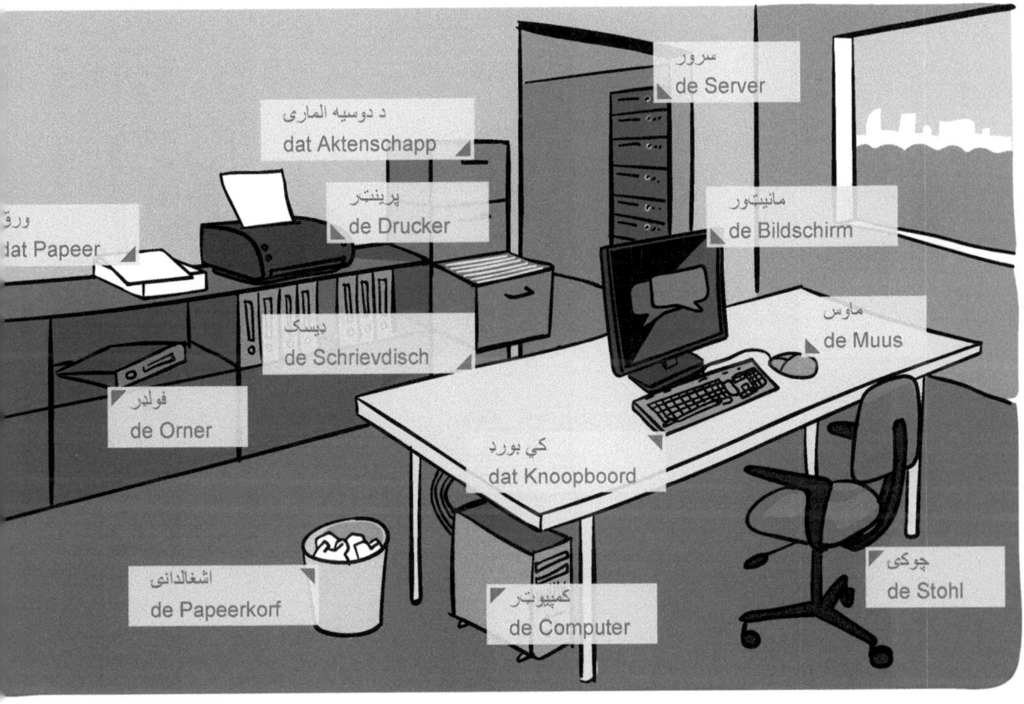

سرور
de Server
د دوسیه الماری
dat Aktenschapp
پرینټر
de Drucker
ورق
dat Papeer
مانیټور
de Bildschirm
ماوس
de Muus
ډیسک
de Schrievdisch
فولډر
de Orner
کي بورډ
dat Knoopboord
چوکۍ
de Stohl
اشغالدانی
de Papeerkorf
کمپیوټر
de Computer

د کافي پیاله

de Koffiebeker

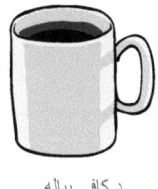

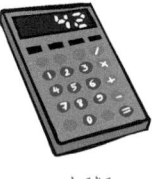

کالکولیټر

de Taschenreekner

انټرنیټ

dat Internet

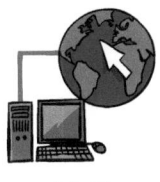

لپ ٹاپ

de Klappreekner

لیک

de Breef

پیغام

de Naricht

موبایل

de Ackersnacker

نیٹورک

dat Nettwark

فوٹوکاپیر

de Kopeerapparat

سافٹویر

de Software

ٹیلیفون

de Klöönkassen

پلگ ساکٹ

de Steekdoos

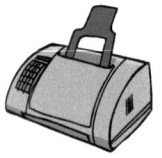

فکس مشین

de Faxapparat

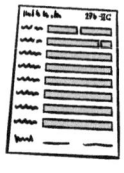

فارم

dat Formulor

سند

dat Dokument

de Weertschop

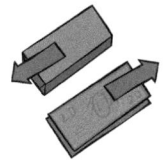

پېرل

köpen

تاديه كول

betahlen

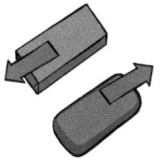

سوداگري كول

hanneln

پيسي

dat Geld

ډالر

de Dollar

يورو

de Euro

ين

de Yen

ربل

de Ruvel

سويسي فرانک

de Swiezer Franken

رينمينبي يوان

de Renminbi Yuan

روپۍ

de Rupie

د نغدي پيسو خای

de Geldautomat

د اسعارو د تبادلی دفتر

de Wesselstuuv

سره زر

dat Gold

سپین زر

dat Sülver

تیل

dat Ööl

انرژي

de Energie

نرخ

de Pries

قرارداد

de Verdrag

مالیه

de Stüer

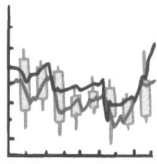

اسهام

de Andeelschien

کار کول

arbeiden

کارمند

de Anstellte

کار ګومارونکی

de Arbeitgever

فابریکه

de Fabrik

پلورنځی

de Hökerie

مسلکونه

de Profeschonen

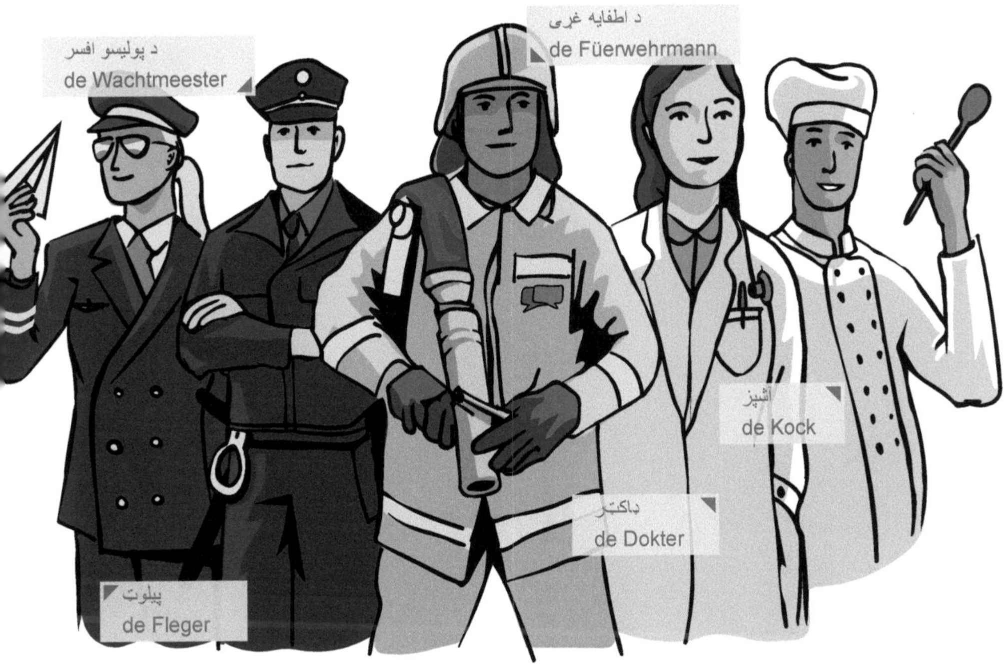
د پولیسو افسر
de Wachtmeester
د اطفایه غړی
de Füerwehrmann
آشپز
de Kock
ډاکټر
de Dokter
پیلوټ
de Fleger

باغوان

....

de Goorner

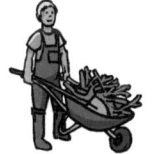

نجار

....

de Discher

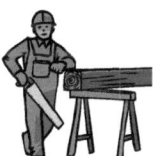

خیاط

....

de Neihersche

قاضي

....

de Richter

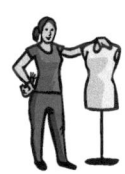

کیمیا پوه

....

de Chemiker

د فلم لوبغاړی

....

de Schauspeler

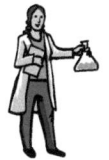

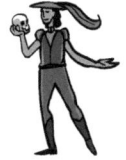

د بس ډرایور
de Busfohrer

د ټیکسي ډرایور
de Taxifohrer

کب نیونکی
de Fischer

خدمه
de Reinmaakfru

بام جوړونکی
de Dackdecker

پېشخدمت
de Kellner

ښکاري
de Jäger

نقاش
de Maler

نانوا
de Bäcker

د برېښنا کارکونکی
de Elektriker

تعمیر جوړونکی
de Buarbeider

انجنیر
de Ingenieur

قصاب
de Slachter

نلدوان
de Klempner

پوست رسونکی
de Postbüdel

سرتیری

de Suldat

مهندس

de Architekt

صراف

de Kasserer

مالیار

de Florist

نایی

de Putzbüdel

کلیندر

de Schaffner

میکانیک

de Mechaniker

کپتان

de Kaptein

د غاښونو ډاکتر

de Tähndokter

ساینس پوه

de Wetenschopler

ښاغلی

de Rabbi

امام

de Imam

مذهبي نفر

de Mönk

پادري

de Paap

لوازم
dat Warktüüch

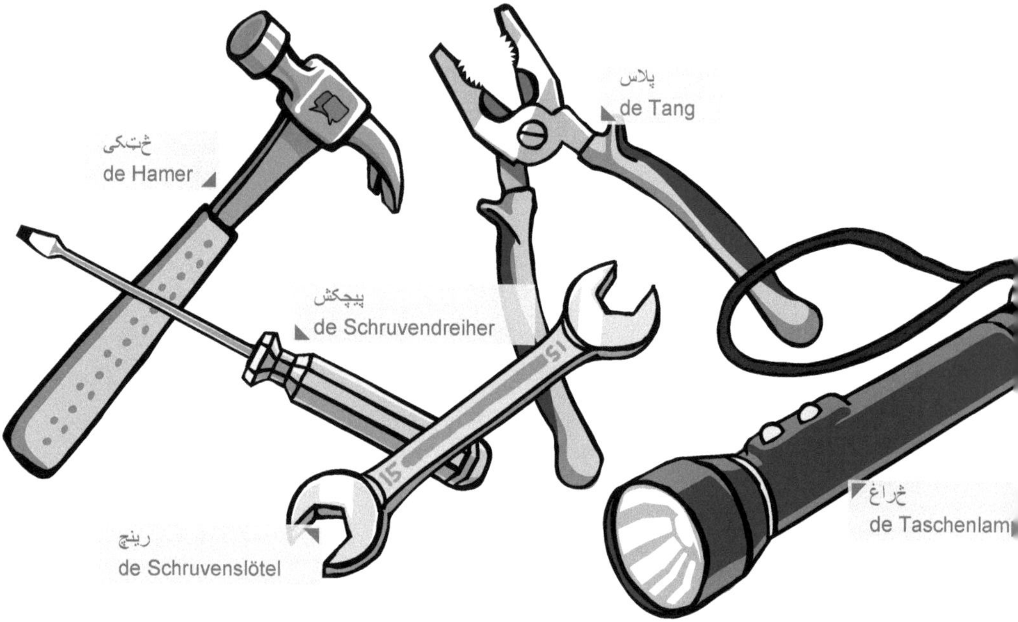

څټکی
de Hamer
پلاس
de Tang
پیچکش
de Schruvendreiher
رینچ
de Schruvenslötel
څراغ
de Taschenlamp

کنستونکی

de Grieper

د لوازمو بکس

de Warktüüchkassen

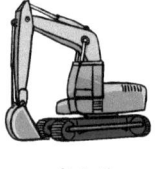

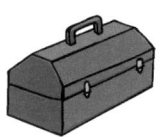

زینه

de Ledder

اره

de Saag

میخونه

de Nagels

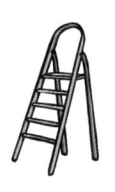

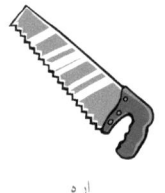

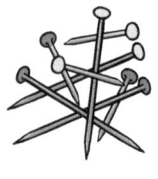

برمه

de Bohrer

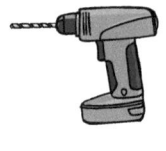

ترمیم کول
....
heelmaken

بیل
....
de Schüffel

لعنت!
....
Schiet!

خاک انداز
....
dat Kehrblick

مشوانۍ
....
de Farvpott

پیچونه
....
de Schruven

د میوزیک آلات

de Musikinstrumenten

لاود سپیکر
de Luutsnacker

ډرم سیټ
dat Slagtüüch

کیتار
de Rietfiedel

کنترباس
de Bass-Vigelien

ترومپیټ
de Trumpeet

پیانو

dat Klaveer

وايلن

de Vigelien

باس

de Bass

نغاره

de Pauk

ډرمونه

de Trummeln

کي بورډ

dat Keyboard

سیکسافون

dat Saxophon

شپیلی

de Fleut

مایکروفون

dat Mikrofoon

د میوزیک آلات - de Musikinstrumenten

ژوبڼ

de Deertenpark

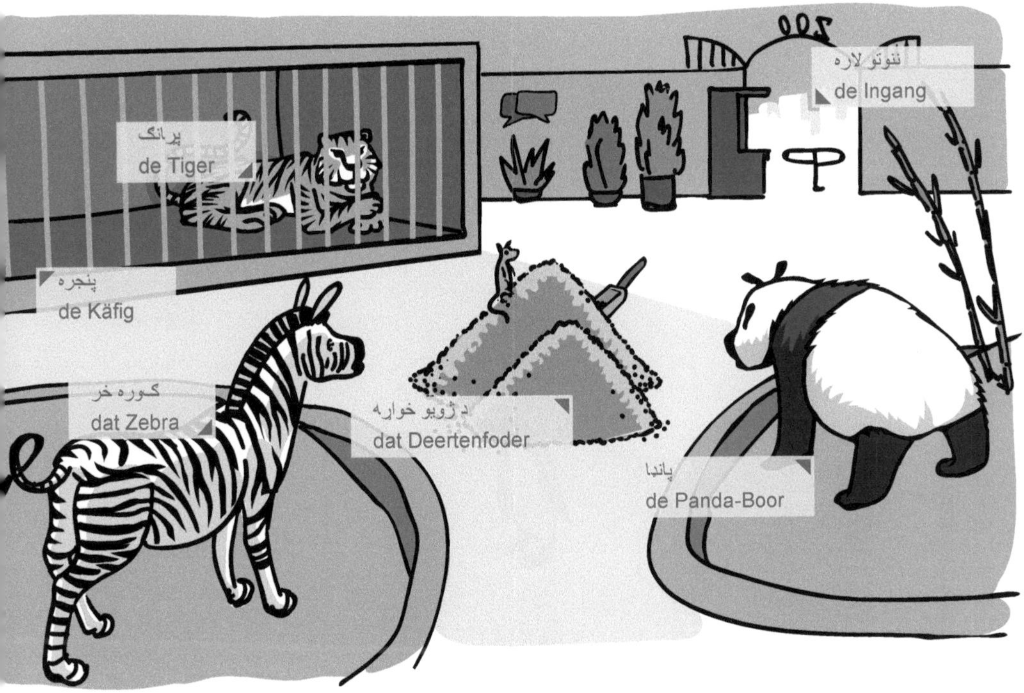

ننوتو لاره
de Ingang
پړانګ
de Tiger
پنجره
de Käfig
ګوره خر
dat Zebra
د ژوبو خواړه
dat Deertenfoder
پانډا
de Panda-Boor

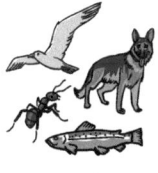

ژوی
....
de Deerten

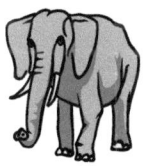

هاتي
....
de Elefant

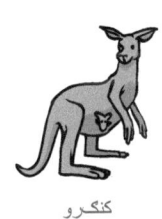

کنګرو
....
dat Känguru

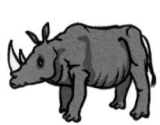

د اوبو اسپ
....
dat Neeshoorn

ګوريلا
....
de Gorilla

ايږه
....
de Boor

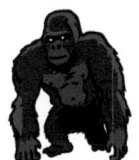

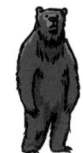

اوښ
....
dat Kameel

شترمرغ
....
de Struuß

زمری
....
de Lööv

بيزو
....
de Aap

غزی
....
de Flamingo

طوطی
....
de Papagoi

قطبی ايره
....
de Iesboor

پينگوين
....
de Pinguin

شارک
....
de Haifisch

طاوس
....
de Pageluun

مار
....
de Slang

تمساح
....
dat Krokodil

ژوبن ساتونکی
....
de Oppasser in'n
Deertenpark

سيل
....
de Saalhund

جگوار
....
de Jaguor

يابو

dat Pony

پرانگ

de Leopard

هيپو

dat Nilpeerd

زرافه

de Giraff

باز

de Aadler

نرخوگ

dat Wildswien

کب

de Fisch

شمشتی

de Schildkrööt

سمندري نولى

dat Walross

گيدره

de Voss

هوسی

de Gazell

امریکایی فټبال
de Amerikaansch Football

سایکل چلول
dat Radfohren

تېنیس
dat Tennis

باسکیټبال
de Korfball

لامبو
dat Swümmen

د کنګل هاکي
dat Ieshockey

باکسینګ
dat Boxen

فټبال
....
de Football

کسیزه
....
dat Fedderball

د خغاستي لوبي
....
de Leichtathletik

د هندبال
....
de Handball

سکي
....
dat Skilopen

پولو
....
dat Polo

فعالیتونه

de Aktivitäten

خندل
lachen
ټوپ وهل
springen
غاړه ورکول
ümarmen
ګرځېدل
gahn
سندرې ویل
singen
خوب لیدل
drömen
عبادت کول
beden
مچو کول
snuteln

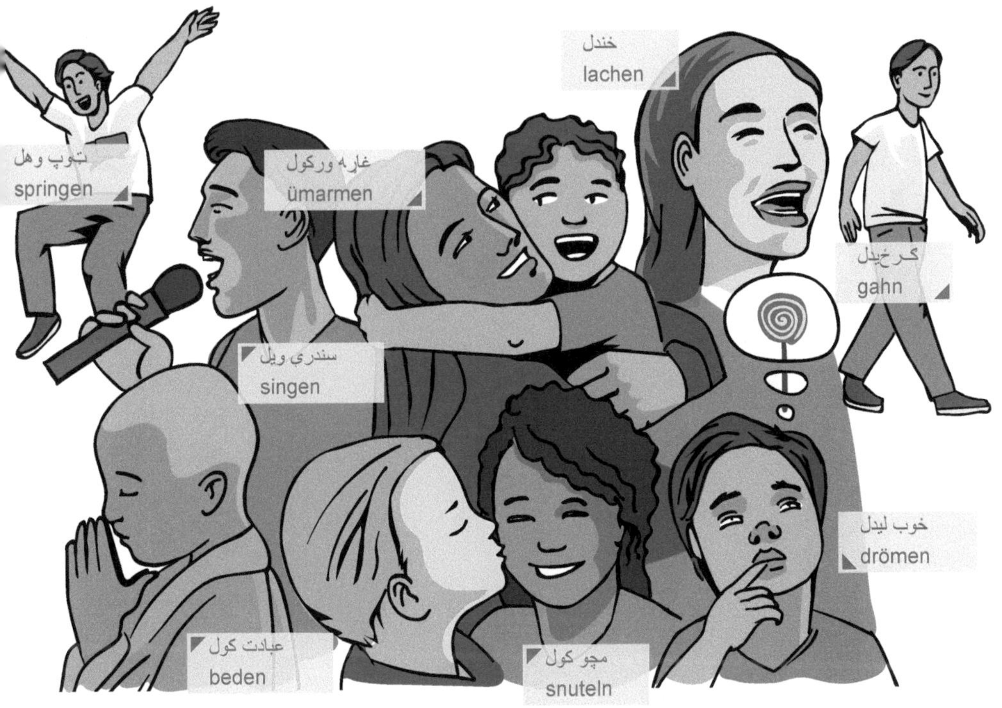

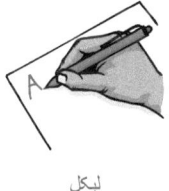

لیکل
schrieven

کښل
teken

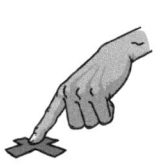

ښودل
wiesen

ټېله کول
drücken

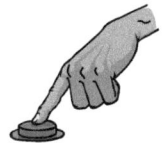

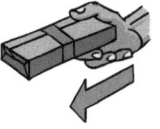

ورکول
geven

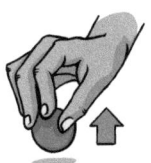

اخیستل
nehmen

درلولدل

hebben

کول

doon

پاییدل

sien

ودریدل

stahn

منډی وهل

lopen

راکبنل

trecken

کوزارل

smieten

لویدل

fallen

څملاستل

liggen

انتظار کول

töven

ورل

dregen

کبنریناستل

sitten

پوښاک اغوستل

antrecken

ویده کیدل

slapen

پاڅیدل

opwaken

کتل
....
ankieken

ژړل
....
wenen

بريد کول
....
eien

ګمنځ خ کول
....
kämmen

خبري کول
....
snacken

پوهيدل
....
verstahn

غوښتنل
....
fragen

اوريدل
....
hören

څښل
....
drinken

خورل
....
eten

پاکول
....
oprümen

مينه کول
....
leefhebben

پخلى کول
....
kaken

موتر چلول
....
fohren

الوتل
....
flegen

فعاليتونه - de Aktivitäten

پېری چلول

segeln

حساب

reken

لوستل

lesen

زده کول

lehren

کار کول

arbeiden

واده کول

de Plünnen tohoopsmieten

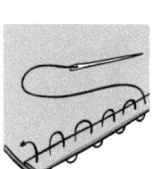

ګنډل

neihen

د غاښونو برس کول

Tähnen putzen

وژل

dootmaken

سګرټ څکل

smöken

لیږل

schicken

de Familje

e Grootmoder

نیکە
de Grootvadder

پلار
de Vadder

مور
de Moder

مانا
t Winnelkind

لور
de Dochter

زوی
de Söhn

میلمە
de Gast

ترور
de Tant

کاکا/ماما
de Unkel

ورور
de Broder

خور
de Süster

de Lief

تندى
de Vörkopp

سترګي
dat Oog

مخ
dat Gesicht

زنه
dat Kinn

سينه
de Bost

اوږه
de Schuller

ګوته
de Finger

لاس
de Hand

مت
de Arm

پښه
dat Been

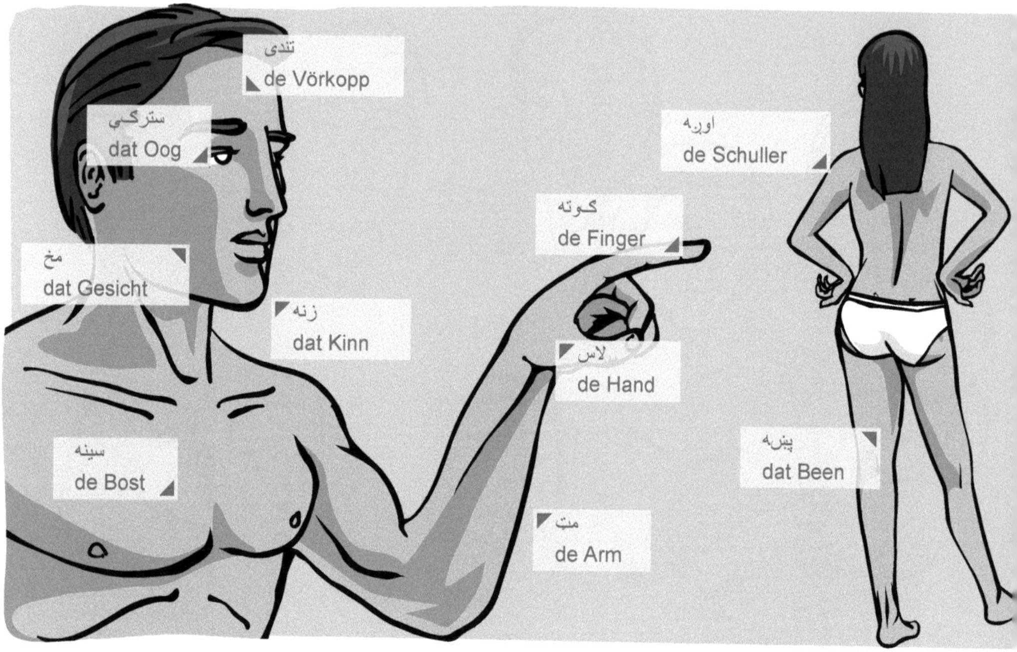

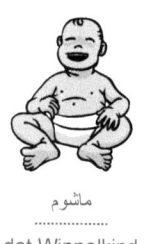

ماشوم
dat Winnelkind

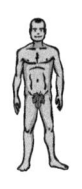

سړی
de Mann

بن‌څه
de Fro

انجلۍ
de Deern

هلک
de Jung

سر
de Arm

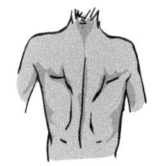

شا

de Rüch

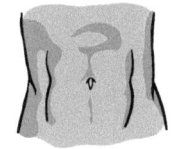

خیټه

de Buuk

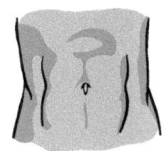

نوم

de Navel

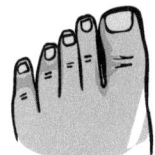

د پښي گوته

de Teh

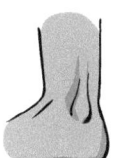

پونده

de Hack

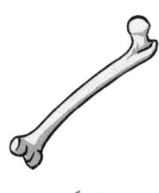

هډوکی

de Knaken

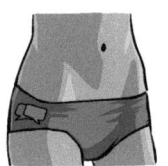

کوناټی

de Hüft

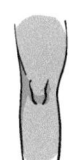

زنگون

dat Knee

څنگل

de Ellbagen

پوزه

de Nees

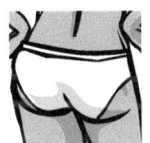

لاندي برخه

de Achtersen

پوټکی

de Huut

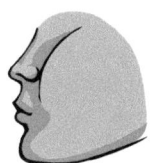

غومبوری

de Back

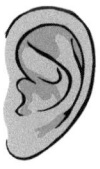

غوږ

dat Ohr

شونډه

de Lipp

خوله
....
de Mund

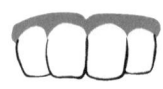

غانﺶ
....
de Tähn

ژبه
....
de Tung

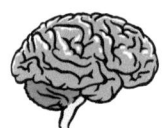

مغز
....
de Bregen

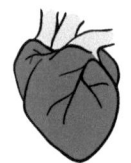

زره
....
dat Hart

عضله
....
de Muskel

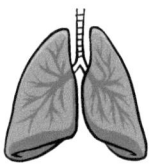

سږی
....
de Lung

ﺧﯿﮕﺮ
....
de Lever

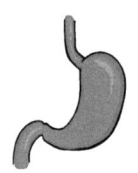

معده
....
de Maag

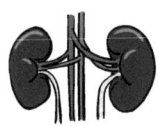

پښتورگي
....
de Neren

جنسي نږدي والى
....
de Bislaap

كاندوم
....
dat Kondoom

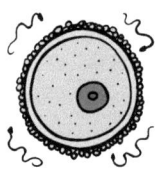

تخمه
....
de Eizell

مني
....
dat Sperma

حمل
....
de Anner Ümstänn

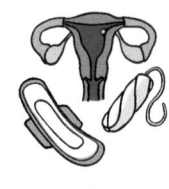

حيض

de Menstruatschoon

مهبل

de Scheed

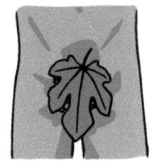

د نارينه تناسلي آله

de Pint

وروخی

de Ogenbroe

ویښته

dat Hoor

غاړه

de Hals

روغتون
dat Krankenhuus

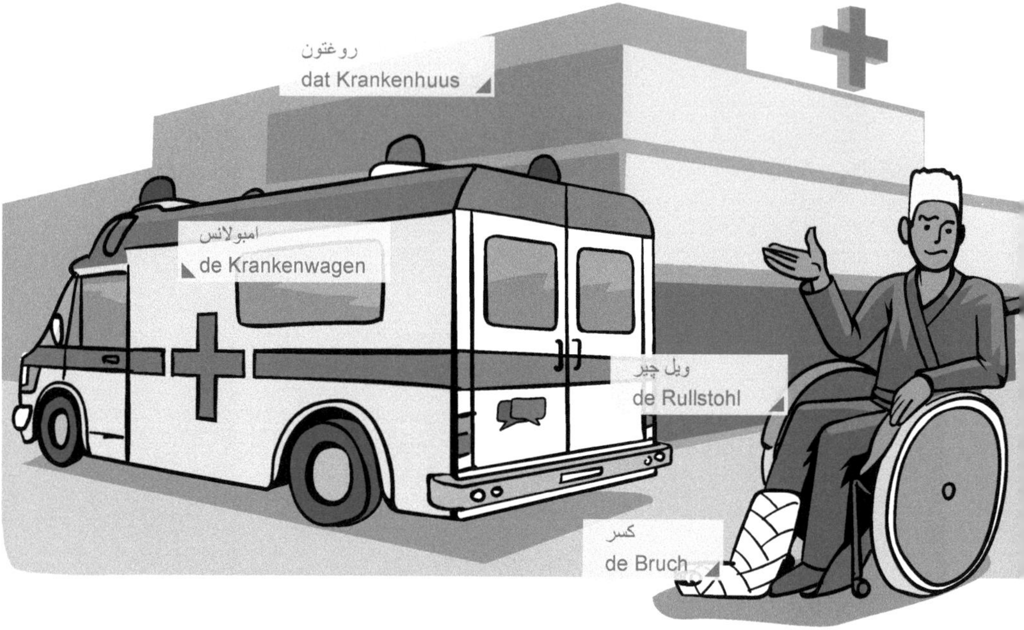

روغتون
dat Krankenhuus
امبولانس
de Krankenwagen
ویل چیر
de Rullstohl
کسر
de Bruch

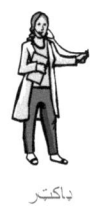

ډاکټر
de Dokter

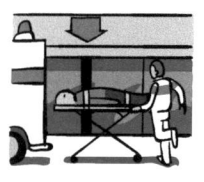

عاجل خونه
de Nootopnahm

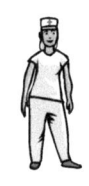

رنځورپال
de Krankensüster

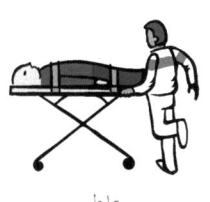

عاجل
de Nootfall

بې هوش
ahnmächtig

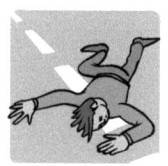

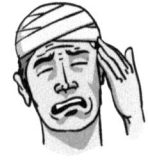

درد
de Wehdaag

پټ

de Verwunnen

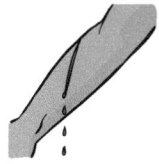

وینه تویدل

de Blöden

د زړه حمله

de Hartinfarkt

ضربه

de Slaganfall

حساسیت

de Allergie

ټوخی

de Hoosten

تبه

dat Fever

انفلوینزا

de Gripp

نس ناستی

de Dörchfall

سر درد

de Koppwehdaag

سرطان

de Kreeft

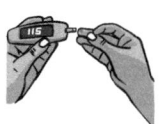

شکر

de Zuckersüük

جراح

de Chirurg

سکالپل

dat Chirurgsch Mess

عملیات

de Operatschoon

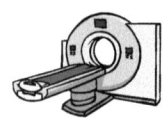

سيڤ.نتي

dat CT

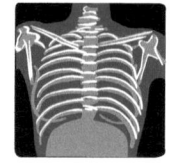

ایکس ری

de Dörchlüchten

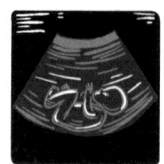

النبّراساوند

de Ultraschall

د مخ ماسک

de Mask

ناروغي

de Krankheit

انتظار خونه

de Töövruum

أمسا

de Krück

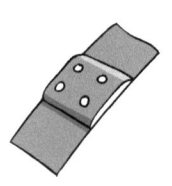

پلستر

dat Plaaster

بنداژ

de Verband

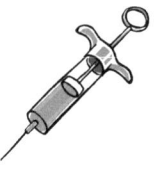

تزریق

de Insprütten

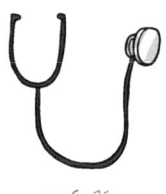

ستاتسكوپ

dat Stethoskop

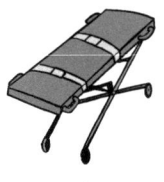

تسكيره

de Draag

كلينكي ترماميتر

dat Feverthermometer

زبيرون

de Geboort

زيات وزن

dat Övergewicht

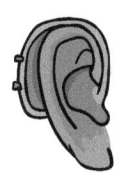

د اوريدو مرسته

de Höörapparat

د عفونيت ځخه پاكونكي مواد

dat Kiemfriemiddel

عفونيت

de Ansteken

ويروس

de Virus

ايچ.آي.وي/ايدز

dat HIV / AIDS

درمل

dat Heelmiddel

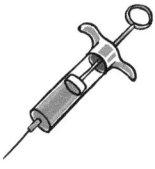

واكسين

de Impen

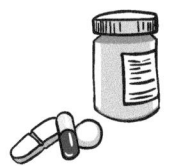

تابليتس

de Tabletten

ګولۍ

de Pill

عاجل تلیفون

de Nootroop

د ويني د فشار ځارونكى

de Blootdruck-Meter

ناروغ/روغ

krank / gesund

مرسته!

Hölp!

الارم

de Alarm

يرغل

de Överfall

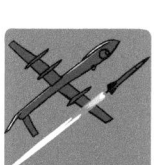

بريد

de Angreep

خطر

de Gefohr

عاجل لاره

de Nootutgang

اور!

dat Füer!

د اور وژونکی

de Füerlöscher

پيښه

de Unfall

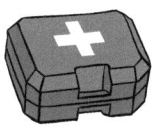

د لومړی مرستي لوازم

de Noothölpkoffer

ايس.او.ايس

SOS

پوليس

de Polizei

اروپا

Europa

شمالي امریکا

Noordamerika

سهیلي امریکا

Süüdamerika

افریقا

Afrika

آسیا

Asien

آسترېلیا

Australien

اتلانتیک

de Atlantik

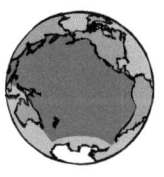

پاسیفیک

de Pazifik

د هند بحر

dat Indisch Weltmeer

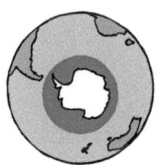

جنوبي منجمد بحر

dat Antarktisch Weltmeer

د شمال قطب بحر

dat Arktisch Weltmeer

شمالي قطب

de Noordpol

سهيلي قطب

de Süüdpol

انتارکتیکا

de Antarktis

خمکه

de Eerd

خمکه

dat Land

بحر

de See

نتاپو

dat Eiland

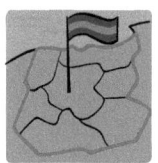

ملت

de Natschoon

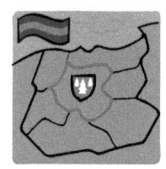

دولت

de Staat

د مخی ساعت

dat Tallenblatt

د ساعت ستنه

de Stunnenwieser

د دقیقی ستنه

de Minutenwieser

د ثانیی ستنه

de Sekunnenwieser

څه وخت دی؟

Wo laat is dat?

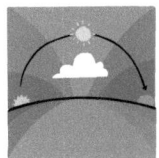

ورځ

de Dag

وخت

de Tiet

اوس

nu

ډیجیتل ساعت

de digetaalsch Klock

دقیقه

de Minuut

ساعت

de Stunn

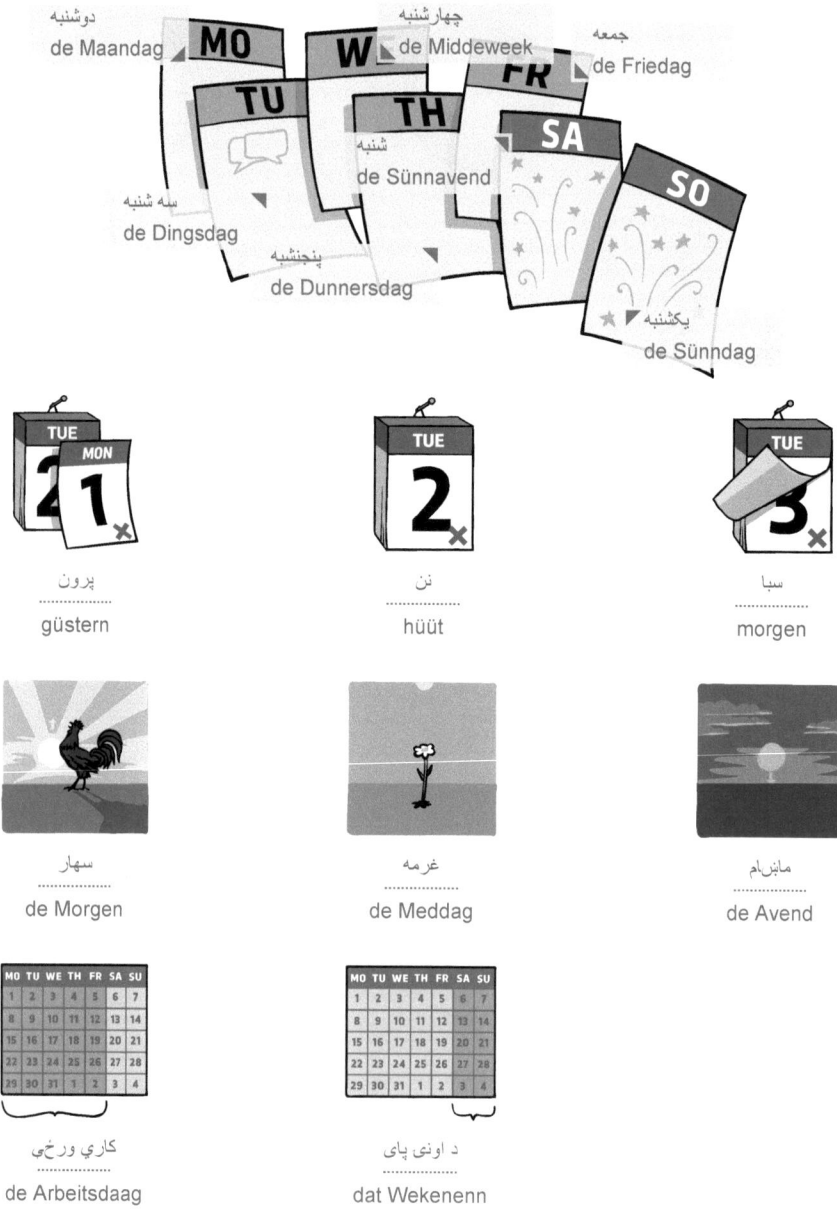

دوشنبه
de Maandag **MO**

چهارشنبه
W de Middeweek

جمعه
FR de Friedag

TU

TH

SA

شنبه
de Sünnavend

SO

سه شنبه
de Dingsdag

پنجشنبه
de Dunnersdag

یکشنبه
de Sünndag

پرون
güstern

نن
hüüt

سبا
morgen

سهار
de Morgen

غرمه
de Meddag

ماښام
de Avend

کاري ورځي
de Arbeitsdaag

د اونۍ پای
dat Wekenenn

dat Johr

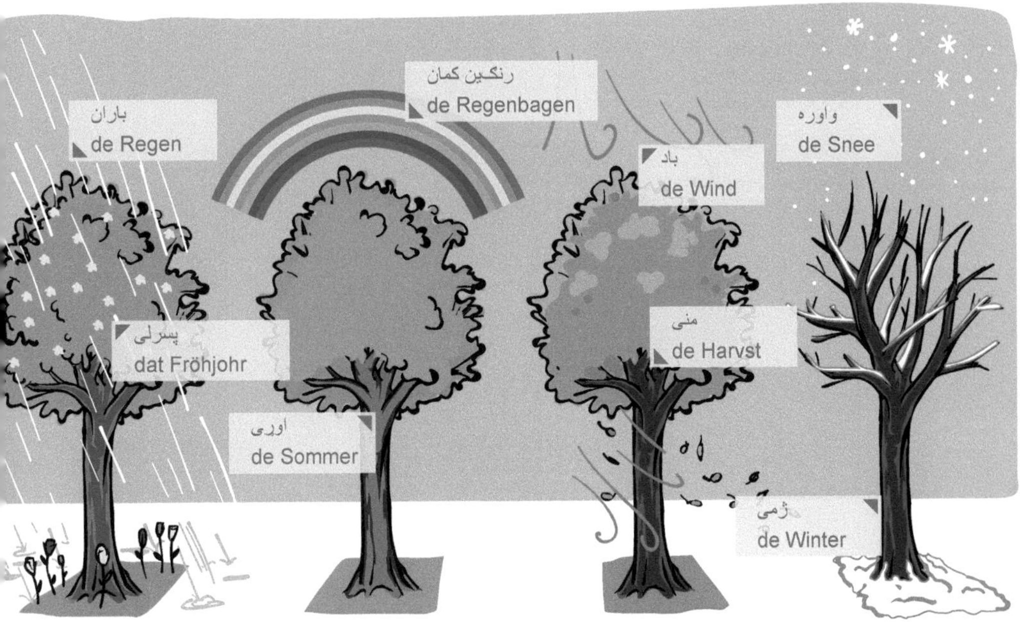
باران
de Regen
رنګين کمان
de Regenbagen
باد
de Wind
واوره
de Snee
پسرلی
dat Fröhjohr
اوری
de Sommer
منی
de Harvst
ژمی
de Winter

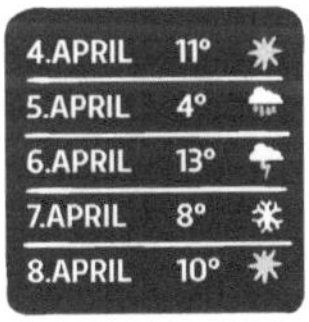
4.APRIL 11°
5.APRIL 4°
6.APRIL 13°
7.APRIL 8°
8.APRIL 10°

د موسم وړاندوینه

de Wedervörhersaag

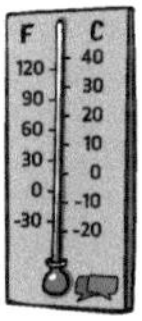
F C
120 40
90 30
60 20
30 10
0 0
-30 -10
-20

ترموميټر

dat Thermometer

د لمر وړانګې

de Sünnenschien

وريځ

de Wulk

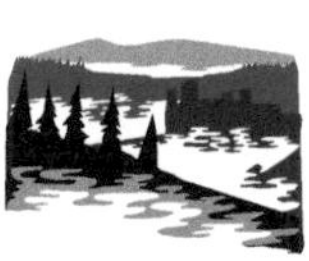

لړه

de Nevel

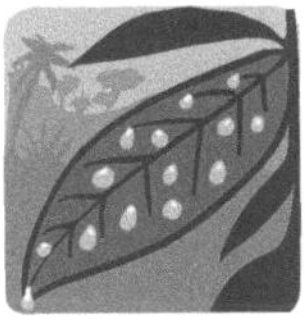

رطوبت

de Luftfuchtigkeit

رنا
....
de Blitz

تندر
....
de Dunner

توفان
....
de Storm

ژلی وریدل
....
de Hagel

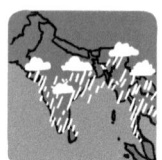

مون سون باران
....
de Monsun

سیلاب
....
de Floot

یخ
....
dat Ies

جنوري
....
de Januormaand

فبروري
....
de Februormaand

مارچ
....
de Martmaand

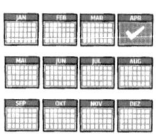

اپریل
....
de Aprilmaand

می
....
de Maimaand

جون
....
de Junimaand

جولای
....
de Julimaand

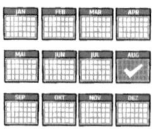

اګست
....
de Augustmaand

سپتمبر
....
de Septembermaand

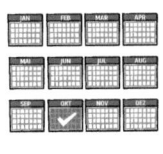

اکتوبر
....
de Oktobermaand

نومبر
....
de Novembermaand

دسمبر
....
de Dezembermaand

دايره
....
de Krink

مربع
....
dat Quadrat

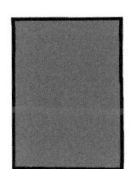

مستطيل
....
dat Rechteck

مثلث
....
dat Dreeeck

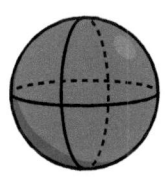

توپ
....
de Kugel

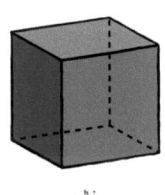

فال
....
de Wörpel

de Farven

سپين
....
witt

ژير
....
geel

نارنجي
....
orangsch

كـلابي
....
pink

سور
....
root

ارغواني
....
lila

نيلي
....
blau

شين
....
gröön

نسواري
....
bruun

خر
....
gries

تور
....
swart

خورا دير/خورا لږ

veel / wenig

قار/آرام

böös / verdreeglich

ښکلى/بدشکله

smuck / mies

پيل/پای

de Begünn / dat Enn

لوی/کوچنی

groot / lütt

روښانه/تياره

hell / düüster

ورور/خور

de Broder / de Süster

پاک/ککر

schier / schietig

مکمل/نامکمل

kumpleet / nich kumpleet

ورځ/شپه

de Dag / de Nacht

مړ/ژوندی

doot / lebennig

پراخ/نری

breet / small

د خوراک ور/نه خورل کیدونکی

geneetbor / nich geneetbor

بد/مهربان

böös / fründlich

پاریدلی/بی خونده

fickerig / langwielt

چاق/وچ

dick / dünn

لومړی/وروستی

toeerst / toletzt

ملګري/دښمن

de Fründ / de Fiend

ډک/تش

vull / leddig

سخت/نرم

hart / week

دروند/سپک

swoor / licht

لوری/تنده

de Smacht / de Döst

ناروغ/روغ

krank / gesund

غیرقانونی/قانونی

nich na't Recht / na't Recht

هوښیار/ساده

klook / dummerhaftig

کین/ښی

linkerhand / rechterhand

نږدې/لرې

neeg / feern

متضاد - de Gegendelen

نوى/ازور

nieg / bruukt

هيخ/يوڅه

nix / wat

بڈا/خوان

oolt / jung

چالاذ/بند

an / ut

خلاص/ترلى

apen / slaten

غليا/لور غر

lies / luut

بڈايہ/غريب

riek / arm

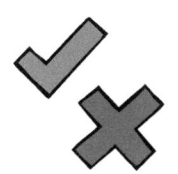

صحيڈ/غلط

richtig / verkehrt

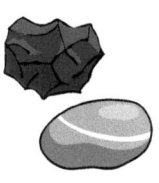

زير/ملايم

ruug / glatt

خفہ/خوش

trurig / glücklich

لنڈ/اورد

kort / lang

سست/گرندى

suutje / flink

لوند/وچ

natt / dröög

گرم/يخ

warm / köhl

جگرہ/سوله

de Krieg / de Freden

0	**1**	**2**
صفر	يو	دوه
null	een	twee

3	**4**	**5**
درى	څلور	پنځه
dree	veer	fief

6	**7**	**8**
شپږ	اوه	اته
söss	söven	acht

9	**10**	**11**
نهه	لس	يولس
negen	teihn	ölven

12

سلود

twölf

13

سلاريد

dörteihn

14

سلاروخ

veerteihn

15

سلخذپ

föffteihn

16

سراپش

sössteihn

17

سلوو

söventeihn

18

سلتا

achtteihn

19

سلون

negenteihn

20

لش

twintig

100

لس

hunnert

1.000

رز

dusend

1.000.000

ميليون

million

de Spraken

انکـلسي

dat Engelsch

امريكايى انكـلسي

dat Amerikaansch Engelsch

چينايى مندرين

dat Chineesch Mandarin

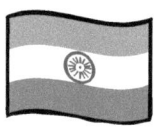

هندي

dat Hindi

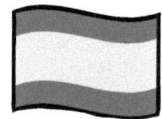

هسپانوي

dat Spaansch

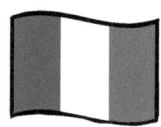

فرانسوي

dat Franzöösch

عربي

dat Araabsch

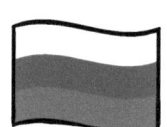

روسي

dat Rusch

پرتكـالي

dat Portugiesch

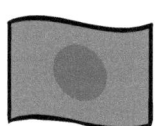

بنكـالي

dat Bengaalsch

ألماني

dat Düütsch

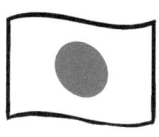

جاپاني

dat Japaansch

زه
....
ik

ته
....
du

♂ ♀ ○

هغه‌/دغه‌/دا
....
he / se / dat

مور
....
wi

تاسی
....
ji

دوی/هغوی
....
se

ثو ک؟
....
keen?

ثه؟
....
wat?

ثنگه‌؟
....
woans?

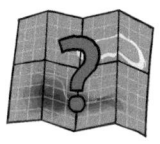

چیری؟
....
woneem?

کله؟
....
wannehr?

HELLO, I AM

نوم
....
de Naam

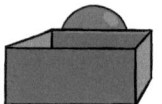

 شاته

achter

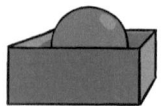

پە

in

پە مخه کی

vör

باندی

över

پە

op

لاندی

ünner

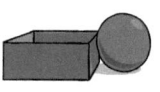

برسیرە پر

blangen

ترمینخ

twüschen

خای

de Oort